# LES ENFANTS DE DAECH

W0336840

# LES ENFANTS DE DAECH

FONDATION QUILLIAM

LIVRE BLANC TRADUIT ET ÉDITÉ
PAR DERNIÈRE MARGE

inculte / dernière marge

Il ne peut y avoir plus vive révélation de l'âme d'une société que la manière dont elle traite ses enfants.

Nelson MANDELA

## AVERTISSEMENT

Les images publiées dans ce livre sont tirées de vidéos de propagande de l'État islamique citées par le livre blanc de la Fondation Quilliam.

## AVANT-PROPOS

Le rapport annuel du Secrétariat général pour les enfants et les conflits armés des Nations unies liste un total de sept corps et cinquante groupes armés non étatiques qui effectuent actuellement des recrutements d'enfants. Ils sont utilisés dans pas moins de quatorze pays à travers le monde. Nous vivons actuellement une période de l'histoire au cours de laquelle, malgré les nombreuses avancées en termes de droit international, de technologie et de droits de l'homme, il nous faut faire face à des abus flagrants envers les enfants dans des zones de conflits dispersées partout dans le monde. La mondialisation a rendu nos enfants plus vulnérables aux abus, tout en permettant de communiquer bien plus largement sur les nombreuses injustices qui peuvent les toucher. De la même manière, leurs droits sont désormais universellement connus.

L'incapacité du monde à gérer de tels problèmes complexes et nouveaux a entraîné l'humanité dans une dynamique cyclique, vers des conflits de plus en plus violents qui touchent les générations actuelles et toucheront celles à venir. Notre accès à l'information s'est décuplé, et des images ou vidéos de tous les coins du monde nous parviennent quotidiennement : il n'est désormais plus possible de plaider l'ignorance quand de telles violences sont commises. Il est de notre devoir collectif de protéger les populations les plus vulnérables de l'humanité, notamment les enfants. Ils constituent, au total, un tiers de l'humanité et si nous n'arrivons pas à trouver des moyens de les protéger, alors nous passons à côté d'un potentiel inédit pour changer positivement les choses.

L'expertise collective de la Roméo Dallaire Child Soldiers Initiative et de la Fondation Quilliam a permis de créer ce livre. Les deux organisations ont, pour la première fois, levé le voile sur l'une des situations les plus graves concernant les enfants du monde entier : l'utilisation des enfants dans le projet politique de l'État islamique. Nous espérons que ce rapport pourra donner aux acteurs politiques une perspective critique sur l'exploitation de ces enfants et générer des réactions de la part des puissances internationales, des agences de protection de l'enfance, des gouvernements, des organisations multilatérales, ainsi que de toutes les parties concernées dans le conflit en Syrie et en Irak. Il nous faudra accepter l'autocritique et réviser profondément notre approche de la situation des enfants soldats.

Pour la communauté internationale, les abus commis envers les enfants sont considérés comme une tragédie, mais nous n'allons souvent pas plus loin dans l'analyse, omettant de souligner que l'utilisation d'enfants soldats, par exemple, ajoute à la violence des conflits. Les enfants sont délibérément utilisés comme une tactique de combat, qui présente certains avantages stratégiques uniques, et c'est pour cela qu'il faut considérer leur recrutement non pas seulement comme un problème social ou économique, mais aussi comme une menace pour la sécurité lors des négociations pour faire revenir paix et stabilité dans une région. Il faudra donc trouver en parallèle des solutions tangibles afin d'éviter l'utilisation des enfants dans de nouveaux conflits armés. Comme le précisait le général Dallaire, « la résolution de conflits en Irak et en Syrie passe par une solution globale de l'utilisation d'enfants soldats dans cette région du monde ».

C'est au niveau international qu'il faut résoudre le problème de l'engagement forcé d'enfants au sein de groupes armés. Il serait erroné de penser que ces problématiques ne surgissent que dans une région du monde, car nous pouvons constater le même genre de manquements dans nos rangs, avec le départ à l'étranger d'enfants occidentaux pour des conflits éloignés. Chaque action que nous effectuons à distance au sein d'un conflit a une répercussion directe sur notre sol, nos enfants étant soumis – de manière passive ou active – à la même rhétorique idéologique que les autres.

*Shelly Whitman, directrice du*
*Roméo Dallaire Child Soldiers Initiative*

# INTRODUCTION

L'utilisation d'enfants par l'État islamique – à la fois en tant que force armée mais aussi comme outil de propagande – a pris une dimension inédite, à la fois en termes d'échelle et de propagation globale au sein du « califat ». Les enfants sont systématiquement formés pour remplir des rôles militaires tels qu'espions ou soldats, qu'il s'agisse de monter au front ou de commettre des attentats suicides. Si l'utilisation d'enfants dans ces rôles bien particuliers est menée de façon à choquer la majeure partie de l'opinion mondiale, on ne peut malheureusement nier que la présence d'enfants dans les conflits armés est une réalité historique, et que ceux-ci ont servi dans de nombreuses guerres. Si, par le passé, les enfants étaient utilisés *malgré* leur jeune âge, ils sont désormais de plus en plus utilisés *pour* leur jeune âge.

En effet, les enfants sont facilement formés à manier des armes de poing ou des armes qui peuvent être transportées par une ou deux personnes, telles que des fusils d'assaut, des mitrailleuses, des lance-grenades, des lance-roquettes antichar ou sol-air ainsi que des mortiers légers. On retrouve également des enfants parmi les porteurs de grenades ou de munitions. L'utilisation d'armes légères dans les conflits incite à utiliser les enfants en tant que combattants, car ils apprennent très vite à les utiliser. La prolifération d'armes portatives et légères a rendu les enfants soldats presque aussi efficaces que les adultes et gommé les différences qui avaient pu exister auparavant.

Ces dernières décennies, de nombreux spécialistes se sont penchés sur la question de l'utilisation d'enfants soldats dans les conflits armés. Les travaux d'Adel Assal et Edwin Farrell à propos du conflit libanais – une guerre civile où enfants et adolescents ont pris les armes – détaillent intelligemment les raisons d'un tel embrigadement : la guerre, la politique, la religion, la famille, le besoin de jouer, l'ennui, la vie professionnelle et l'enseignement. D'après leurs recherches, publiées en 1992, la guerre a bien évidemment des conséquences dramatiques sur les enfants, notamment dans la formation de leur identité, ce qui les pousse, ainsi que les adolescents, à rejoindre des milices.

Rachel Brett, Margaret McCallin et Irma Specht ont été plus loin dans les raisons qui poussent certains enfants à s'engager dans des groupes armés. Elles déclarent ainsi que « la guerre elle-même est le facteur central et fondamental de cet embrigadement ». Si l'émergence d'un conflit pousse logiquement les jeunes gens à s'engager dans des milices, la guerre décuple ces conséquences. Du côté des causes, on retrouve le désir d'échapper à des difficultés au sein de la cellule familiale ou à l'école, souvent le résultat d'un sentiment d'insécurité ou d'ennui dû à la pauvreté amenée par la guerre. Quant aux attraits, c'est

la promesse d'être bien nourri, la possibilité de combattre au nom d'une idéologie, le gain financier, la reconnaissance sociale, la protection d'un groupe, et aussi le besoin de loisir. Il y a bien sûr des cas où les enfants sont recrutés de force, à coups de menaces ou enlèvements, comme par exemple dans l'Armée de résistance du Seigneur en Ouganda, qui est connue pour ses kidnappings systématiques et nombreux.

Dans l'étude de Rachel Brett, qui a beaucoup été utilisée par les Nations unies et des ONG telles que War Child, ou dans les documents produits par Graça Machel en 1996 pour l'ONU, l'impact des conflits armés sur les enfants est très détaillé. Les conséquences se retrouvent à la fois à court terme (la dureté des conflits) et à long terme, touchant ainsi le développement de ces enfants. L'étude de Machel et celle qui a suivi dévoilent qu'enfants et adolescents enrôlés dans des milices subissent des passages à tabac, des viols et des maltraitances au sens large. Et même s'ils débutent souvent comme petite main, aidant à transporter des munitions ou à évacuer des soldats blessés, ils adoptent assez vite des postes de combat, en tant que démineurs, espions, leurres ou éclaireurs.

## LE « CALIFAT »

L'enrôlement d'enfants au sein de groupes armés constitue désormais un problème majeur en Irak et en Syrie, notamment au sein de nombreuses organisations telles que l'État islamique, le Front al-Nosra ou l'Armée syrienne libre, qui recrutent enfants et adolescents. Les chercheurs ayant travaillé sur le sujet ont divisé en six étapes le processus d'institutionnalisation de l'enfant : socialisation, éducation, sélection, subjugation, spécialisation et embrigadement. Selon eux, différents types d'enfants sont enrôlés par le « califat » – enfants de combattants étrangers, enfants de combattants locaux, enfants abandonnés, enfants enrôlés de force (soit depuis des orphelinats contrôlés par l'État islamique, soit enlevés à leur famille) ou recrues volontaires, qui forment ensemble les « Lionceaux du Califat ».

Les méthodes d'embrigadement diffèrent-elles selon l'origine et la religion de ces enfants ? Comment ces enfants sont-ils sélectionnés, radicalisés et recrutés ? Quelle propagande utilise-t-on et dans quelles langues ? Quel impact psychologique pour les enfants à moyen terme ? Cette guerre aura-t-elle des répercussions à long terme sur ces enfants, et comment le contre-terrorisme devra-t-il agir afin de les empêcher de devenir des combattants à vie et des bombes à retardement ?

## LES ENFANTS ET LA PROPAGANDE

Les contenus médiatiques de l'État islamique dans lesquels on peut voir des enfants sont majoritairement violents. De façon soit active – des enfants qui participent à des actes de violence – soit passive – des enfants exposés à une violence qu'ils finissent par normaliser.

Il est cependant important de noter que plus de 31 % des images qui mettent en scène ces enfants ont pour cadre des écoles, des services de santé de l'État islamique ou encore des services administratifs. Le groupe tente ainsi de prouver sa légitimité en mettant en avant ses infrastructures et ses services à destination des familles qui seraient tentées par la *hijra* (l'émigration) vers le supposé « califat ».

Les images et vidéos recueillies par nos équipes proviennent pour la plupart des bureaux de presse syriens et irakiens contrôlés par l'État islamique, ce qui souligne la force de l'État mis en place. Les provinces (*wilayat*) de l'État islamique en Égypte, au Yémen, en Arabie saoudite ou dans le Caucase n'ont par exemple jamais diffusé de telles images d'enfants durant tout notre travail de recherche.

Deux des vidéos citées dans le livre ont été communiquées par le biais du bureau officiel de l'État islamique d'al-Hayat, mais pas depuis une *wilayat* individuelle. Ces vidéos insistent sur le côté « utopique » de l'EI, qui serait vierge de toute l'immoralité de l'Occident.

Par contre, sur les fronts les plus actifs, les *wilayat* irakiennes de l'État islamique diffusent énormément d'images montrant des enfants et des adolescents au combat ou prêts à effectuer des attentats suicides.

Les *wilayat* syriennes ont pu montrer des enfants dans le rôle d'exécuteurs et de bourreaux – et de nombreuses vidéos montrent plusieurs enfants autour d'un enfant bourreau. Au total, la propagande de l'État islamique a montré douze enfants bourreaux, et un enfant participant à une exécution publique. Parmi ces bourreaux, huit agissent en Syrie et quatre en Irak. Les deux vidéos de propagande irakienne sont datées d'août 2015, tandis que les syriennes sont datées de décembre 2015, janvier 2016 et février 2016. Cette apparition à l'écran, récente, d'enfants bourreaux signifie peut-être une volonté de la part de l'État islamique de renvoyer une image de force et d'endurance malgré les lourds bombardements subis. En utilisant des enfants comme soldats ou bourreaux, l'État islamique voudrait laisser entendre à l'Occident que les bombardements ont peu d'effet sur les futures générations de combattants car « même si vous préparez nos armées, nous aussi préparons les nôtres » (Bureau de presse de Raqqa, 20 février 2016).

## LES ENFANTS SOLDATS À TRAVERS L'HISTOIRE

Les enfants ont malheureusement toujours été employés en tant que soldats à travers l'histoire, les armées en appelant très souvent aux adolescents ou aux enfants en temps de guerre. Des études montrent que les armées occidentales étaient « peuplées de nombreux adolescents » du Moyen Âge jusqu'à la première guerre mondiale, et qu'au milieu du XIXe siècle, les armées britanniques avaient recruté de très jeunes enfants dans leurs régiments de Gurkhas au Népal (cf. David M. Rosen dans *American Anthropologist*, 2007). La Dinka, au Soudan, formait les adolescents à partir de seize ans à devenir des guerriers accomplis. En Afrique de l'Est, de nombreux groupes traditionnels tels que les Massaïs et les Samburu ont toujours inclus les adolescents dans leurs tribus de guerriers. En Amérique, les Indiens des plaines, tels que les Cheyennes au XIXe siècle, armaient les jeunes hommes à partir de l'âge de quatorze ans et les formaient très vite à devenir des soldats aguerris.

Au XXe siècle, les enfants de l'Union soviétique étaient formés aux normes et aux valeurs du communisme dès l'école primaire (cf. l'étude de Joseph Zajda, 1980). L'exemple le plus prégnant reste celui du régime nazi, qui a institutionnalisé et systématisé l'exploitation des enfants via le système éducatif et la création de groupements de jeunes comme la *Hitlerjugend* (Jeunesses hitlériennes) afin d'endoctriner les enfants. Les autorités ont notamment utilisé l'idée de socialisation afin de créer une identité nazie adolescente (cf. Lisa Pine, *Education in Nazi Germany*, 2011). Ces enfants endoctrinés étaient ensuite embrigadés afin de défendre leur pays contre les forces alliées. Claus von Amsberg, le futur époux de la reine Beatrix de Hollande, qui avait été endoctriné toute son enfance, avait ainsi rejoint les forces armées à seize ans en tant que *Flakhelfer* – terme utilisé pour désigner les jeunes gens obligés de devenir canonniers et enrôlés de force dans l'artillerie. Lorsqu'ils n'étaient pas tués par l'ennemi, ces enfants soldats étaient souvent abattus et considérés comme des déserteurs, car ils ne supportaient pas la violence du front.

Malgré la prolifération de normes humanitaires mises en place après 1945, l'utilisation des enfants soldats n'a fait que croître, particulièrement sur le continent africain. Au Liberia, par exemple, Charles Taylor a pris le pouvoir en 1997 avec une armée de rebelles principalement constituée de jeunes adolescents qu'il avait recrutés soit en les enlevant, soit par la promesse mensongère de leur donner un emploi régulier. Les groupes rebelles qui se sont opposés à lui utilisaient également des adolescents : selon l'ONU, on estime à 20 000 le nombre d'enfants qui auraient pris part à la guerre civile au Liberia, soit 70 % des forces en présence (cf. Peter W. Singer dans le *Washington Post*, 2006). En Angola, on a

déterminé que 36 % des enfants du pays avaient servi soit en tant que soldats soit en tant qu'adjuvants des troupes au sol. Au Rwanda, des milliers d'enfants ont participé au génocide de 1994 contre les Tutsis, la plupart étant âgés de moins de quatorze ans à l'époque de ces atrocités. En République démocratique du Congo, les enfants sont recrutés pour devenir soldats de manière systématique, car les enfants soldats, nommés « kadogos », sont connus pour terroriser la population civile qui pense que les enfants peuvent incarner le mal et la mort (cf. étude de Javier Aguilar Molina).

Même si la plupart des enfants soldats de ces dernières années ont été utilisés lors de conflits en Afrique, d'autres pays y ont eu recours dans le monde entier. Durant la guerre Iran-Irak dans les années quatre-vingt, le président iranien de l'époque a appelé dans un discours à ce que « tous les Iraniens de douze à soixante-douze ans prennent part dans la guerre sainte ». Des milliers d'enfants ont alors été déscolarisés et envoyés au front avec un armement succinct, à peine quelques grenades. Portant des clés autour du cou (symbolisant les clés du paradis), ils précédaient les armées conventionnelles sur les champs de mines afin de leur ouvrir le chemin. En Inde, de nombreux groupes rebelles sont soupçonnés d'avoir utilisé des enfants soldats, notamment dans la région du Cachemire, tandis qu'en Birmanie on dénombre pas moins de 357 cas d'embrigadement d'enfants par le « Tatmadaw » (les forces armées du gouvernement). Plus récemment, lors de la guerre civile au Liban, toutes les forces en présence ont eu recours à des mineurs. Même si la loi libyenne interdit de recruter des soldats de moins de dix-huit ans, le général Kadhafi n'a jamais rechigné à s'entourer de mineurs armés (cf. étude de Mark A. Drumbl, 2012). Quant aux groupes rebelles armés, on y trouve énormément d'adolescents, surtout âgés de seize ou dix-sept ans. Dans certains cas, ils sont envoyés au front par leurs parents ; dans d'autres cas de figure, ils se rebellent contre leur famille et parcourent de grandes distances pour rejoindre le conflit armé, poussés au combat par le refus de connaître la même humiliation que leurs parents (cf. Anthony Shadid dans le *New York Times*, 2011).

Parallèlement au recrutement grandissant d'enfants dans les rangs de forces armées, les groupes terroristes font également de plus en plus appel à eux. La plupart de ces groupements ont depuis longtemps une « branche jeunesse », où l'endoctrinement commence souvent au plus jeune âge, avant qu'enfants et adolescents ne soient utilisés dans le cadre d'opérations. Par exemple, des images vidéos d'Al-Qaïda qui ont été interceptées montrent de jeunes garçons en train d'apprendre à créer une bombe artisanale ou à piéger une habitation, tandis que des groupes radicaux palestiniens tels que le Jihad islamique recrutent des enfants de treize ans pour des attentats suicides. Plus récemment, l'ONU a reçu des rapports crédibles mais non vérifiés qui signalent la création d'une branche jeunesse de l'État islamique, sous le nom de *Fityan Al Islam* (« Garçons d'Islam ») (cf. rapport de l'ONU, 2015).

En Somalie, le groupe Al-Shabbaab affilié à Al-Qaïda utilise de plus en plus d'enfants dans ses opérations. Même si, traditionnellement, le groupe fait de la propagande à partir de l'enrôlement des adolescents, on a pu constater un recrutement commençant dès l'âge de dix ans, depuis l'intensification des combats en Somalie en 2010 et 2011. Selon l'ONU, le conflit a vu jusqu'à 819 enfants enrôlés par Al-Shabbaab, tandis que du côté de l'armée nationale et d'autres milices, comme Ahl Al-Sunna wal-Jama'a, on dénombre plus de 1870 violations aux lois internationales régissant l'utilisation de mineurs lors de conflits armés. Les enfants recrutés sont envoyés en camp d'entraînement, où les garçons subissent des exercices très violents et physiques, apprennent le maniement des armes et sont endoctrinés politiquement et religieusement. Cette formation inclut une désensibilisation à la violence, et on les force à regarder des vidéos d'attentats suicides. Puis les enfants sont envoyés au front, où leur fonction essentielle est de constituer un bouclier humain pour les soldats plus aguerris. D'autres sont envoyés en missions suicides. Le groupe terroriste nigérien Boko Haram est également bien connu pour avoir fait commettre des attentats suicides à des enfants, sous la menace ou après les avoir endoctrinés. Selon l'ONU, Boko Haram,

à la date de juin 2015, a kidnappé plus de mille ou mille cinq cents enfants. Certains ont été déployés sur le front comme boucliers humains dès l'âge de huit ans.

L'utilisation même des enfants, à des fins à la fois stratégiques et tactiques, par des États et d'autres acteurs dans le monde entier est l'un des éléments qui définit la nature d'un conflit, tout comme le degré de brutalité avec lequel ces enfants sont enrôlés, ainsi que l'âge auquel on vient les chercher. Cela pose un problème qui n'est plus seulement humanitaire, mais aussi stratégique. Ces groupes sont capables de représenter une menace militaire disproportionnée grâce à l'utilisation d'enfants soldats. L'Armée de résistance du Seigneur en Ouganda, par exemple, ne disposait que d'un noyau de 200 adultes environ, mais avait réussi à progresser militairement grâce aux pas moins de 12 000 enfants qu'elle avait enlevés. Ainsi, l'utilisation d'enfants soldats ne constitue pas seulement une violation des lois qui sont censées régir la protection des populations en temps de conflit, elle rend également les conflits plus étendus et plus meurtriers.

## ORIGINES HISTORIQUES

Le rôle des enfants au sein du « califat » représente à la fois un point culminant et une accélération de tendances plus globales en matière d'enrôlement d'enfants soldats. On peut aussi y voir des échos de l'Allemagne

nazie, avec cet endoctrinement systématique des enfants dans les écoles et les camps d'entraînement sur les territoires tenus par l'État islamique (un point sur lequel nous reviendrons plus en détail dans les pages qui suivent). Les enlèvements systématiques et le recrutement forcé employés par les armées africaines sont eux aussi adoptés comme méthode par l'État islamique en Syrie et en Irak. Enfin, les dirigeants de l'EI se sont également inspirés d'autres groupes terroristes qui utilisent des enfants au sein de leurs opérations, et l'ont fait ici à très grande échelle.

*Les Ottomans*

L'utilisation des enfants soldats par l'État islamique rappelle les pratiques de l'Empire ottoman en Europe centrale. À de nombreuses reprises, des combattants de l'État islamique ont enlevé des enfants provenant de minorités ethniques qu'ils combattaient afin de les enrôler au sein de leur force armée. D'août 2014 à juin 2015, par exemple, des centaines de jeunes garçons, dont beaucoup de Yézidis et de Turkmènes, ont été arrachés à leur famille dans la province de Ninive et envoyés dans des camps d'entraînement, où ils devaient apprendre le Coran par cœur dès l'âge de huit ans, se familiariser au maniement des armes et aux tactiques de combats. Le chef de l'État islamique, Abou Bakr al-Baghdadi, semble ainsi avoir voulu réactiver le système ottoman du « devchirmé » : de manière régulière, les enfants chrétiens des provinces balkaniques étaient enlevés de chez eux, forcés de se convertir à l'islam, puis devaient rejoindre les rangs de l'armée du sultan. Ces garçons étaient des esclaves et devaient faire preuve d'une soumission totale au sultan (cf. étude d'Amihai Glazer et Björn Segendorff, 2001). Le devchirmé permettait de recruter des forces pour les tâches administratives et civiles ainsi que d'alimenter en nouvelles recrues des corps militaires d'élite comme les janissaires (cf. David Nicolle, *The Janissaries*, 1995).

Les dirigeants de l'État islamique et les propagandistes rendent souvent hommage à l'Empire ottoman, qui est perçu par une partie du monde musulman comme le dernier véritable califat. Cette allusion récurrente permet d'asseoir leur crédibilité et de justifier leur idéologie sanguinaire en se parant de la légitimité des Ottomans. Comme souvent, en y regardant de plus près, il y a pourtant de très grandes différences entre l'État islamique et les Ottomans. Tout d'abord, le devchirmé était pratiqué lors des premières années de l'Empire ottoman, lorsqu'il était animé par diverses croyances islamiques combinées à des notions religieuses non orthodoxes, des coutumes tribales turques et des traditions byzantines. Ce croisement de plusieurs influences est bien loin du salafisme rigoriste pratiqué par l'État islamique.

Ensuite, les garçons enlevés par les Ottomans dans le cadre du devchirmé avaient un accès absolu et sans contrainte à l'élévation sociale et à l'enrichissement.

D'ailleurs, nombre d'entre eux ont eu accès aux plus hauts postes de l'époque. Ce mouvement était si massif que de nombreux musulmans avaient fini par en vouloir aux convertis chrétiens et on finit par accepter les musulmans au sein des corps d'élite comme les janissaires. Même si les janissaires étaient des esclaves, leur titre (*kul*) inspirait fierté et dignité, et il était plus honorable d'être connu comme *kul* que comme simple sujet du califat. Au sein de l'État islamique, par contre, le peu d'éducation dispensé à ces convertis de force leur interdit de monter au sein de l'organisation du « califat », et les enfants qui sont recrutés de cette manière finissent toujours plus ou moins par servir de chair à canon dans des combats perdus d'avance ou des attentats suicides.

Enfin, le système du devchirmé était une construction purement politique et n'avait reçu aucun aval des théologiens de l'Empire ottoman, les oulémas, qui le considéraient comme une grave violation des droits des sujets non musulmans. Les religieux en territoire géré par l'État islamique, en revanche, ne défendent jamais les droits des non-croyants. Ainsi, même si le « califat » tente de se référer à son prédécesseur historique, ils ont en réalité peu de chose en commun.

*Les Lionceaux de Saddam*

L'un des prédécesseurs de l'État islamique en termes de pratiques concernant le recrutement d'enfants soldats n'est autre que le régime baasiste en Irak, qui a longtemps incorporé des enfants au sein de ses forces armées.

À la fin des années soixante-dix, le parti Baas a instauré le mouvement *Futuwah* qui avait vocation à constituer une organisation paramilitaire au sein de la jeunesse. Des enfants âgés de seulement douze ans y étaient organisés en unités militaires, recevaient un entraînement complet et un endoctrinement politique. Ces unités ont été utilisées lors des périodes les plus violentes de la guerre opposant l'Irak à l'Iran.

À partir du milieu des années quatre-vingt-dix, le régime de Saddam Hussein a organisé des colonies de vacances militaires pour les enfants à partir de dix ans. Pendant trois semaines, ils s'entraînaient au maniement d'armes de poing et étaient baignés dans l'idéologie du parti Baas (cf. étude de Singer, 2003). On donnait à ces camps d'entraînement les noms d'événements importants survenus dans le pays, afin d'encourager le recrutement des enfants ; en 2001, par exemple, le camp se nommait Al Aqsa Intifada. Cette militarisation systématique des enfants a permis au régime de s'installer encore plus profondément dans le quotidien de ses administrés.

Les unités les plus importantes d'enfants soldats ont été les *Ashbal Saddam*, ou les « Lionceaux de Saddam ». Créée après la défaite de l'Irak lors de la guerre du Golfe de 1991 alors que Saddam voulait consolider son pouvoir, l'unité *Ashbal Saddam* recrutait des enfants de dix à quinze ans. Ces enfants étaient également envoyés dans des camps militaires, où ils suivaient un endoctrinement idéologique et s'entraînaient au maniement des armes à hauteur de quatorze heures par jour. On désensibilisait ces enfants à la violence à l'aide de techniques d'entraînement qui incluaient des passages à tabac récurrents et la torture d'animaux. Certains de ces enfants, tout comme leurs aînés des Jeunesses hitlériennes, ont été envoyés sur le front avant même d'être majeurs. Durant l'invasion de l'Irak en 2003, les troupes américaines ont fait face à des enfants soldats à au moins trois reprises : Nassiriya, Mossoul et Karbala, sans compter les centaines de fois où des enfants ont été utilisés comme boucliers humains par les forces loyalistes du régime.

*La rébellion*

Les enfants ont continué à jouer un rôle central au sein de la rébellion qui a suivi l'invasion de l'Irak, et les rapports des services secrets américains soulignent bien le rôle joué par les enfants lors des attaques de guérilla ou pour avertir les rebelles. En 2004, le religieux radical Moqtada al-Sadr et son Armée du Mahdi ont employé de nombreux enfants soldats, comme ont pu le constater les forces britanniques sur le terrain. Ces enfants étaient tous endoctrinés : un jeune garçon de douze ans

qui se battait au sein de ce groupe a ainsi déclaré : « Les Américains sont des faibles. Ils ne se battent que pour l'argent et ils couinent comme des porcs lorsqu'ils meurent. Mais nous tuerons ceux qui ne sont pas croyants, car la foi est la plus dévastatrice des armes. » Alors que la situation globale se détériorait, l'ONU a été obligée de monter une section spéciale pour s'occuper des enfants soldats dans le conflit irakien, en mars 2009, une fois qu'Al-Qaïda en Irak (le prédécesseur de l'État islamique) a été listée comme une organisation recrutant des enfants dans ses rangs (cf. rapport de l'ONU, 2015).

*L'héritage*

L'héritage du régime de Saddam Hussein au sein de l'État islamique est présent au niveau des structures administratives et bureaucratiques. Lorsque le chef de la coalition occidentale en Irak, Paul Bremer, a décidé de démobiliser les soldats irakiens et de renvoyer tous les dirigeants du régime baasiste de leurs positions administratives, plus de cent mille Irakiens se sont retrouvés sans emploi, et le plus souvent armés et en colère. Ainsi, de nombreux anciens officiers baasistes et des officiels du régime ont rejoint l'État islamique à de très hauts postes, emmenant avec eux leur capacité organisationnelle et militaire, leur réseau bureaucratique et, pire encore peut-être, une grande connaissance des réseaux de contrebande, qu'ils avaient mis en place dans les années quatre-vingt-dix pour contourner les embargos. Leur présence a permis à l'État islamique de s'enrichir en revendant illégalement le pétrole saisi.

L'influence baasiste est évidente au niveau du recrutement des enfants soldats par l'État islamique, aussi bien sur le plan de la terminologie (les « Lionceaux de Saddam » devenant les « Lionceaux du Califat »), que de l'organisation des camps militaires d'entraînement ou de techniques comme celle de la désensibilisation à la violence.

## POURQUOI RECRUTER DES ENFANTS

Les recruteurs de ces groupes armés considèrent les enfants comme des biens précieux car ils peuvent être utilisés dans des rôles très différents, que ce soit au combat ou non. En temps de guerre, ils constituent une ressource inespérée car disponible dans toutes les zones de conflit (cf. étude de Marc Sommers, 2002). Les enfants ont ainsi pu être utilisés en tant que soldats, boucliers humains, messagers, espions et gardiens, sans oublier le mariage forcé et les viols dont sont victimes les jeunes filles. Les enfants sont bien moins coûteux que les adultes, car ils consomment moins de nourriture et n'ont pas besoin d'être autant payés. De plus leur immaturité ne fait que faciliter leur endoctrinement par les recruteurs. Dans des pays comme la Birmanie, les recruteurs préfèrent les enfants soldats aux adultes, car ils suivent des ordres que certains adultes ignorent. Ils sont plus prompts à s'engager, font preuve de loyauté presque instantanément, sont faciles à endoctriner car ils ont moins d'idées préconçues et de croyances que les recruteurs devraient déconstruire et combattre. Les enfants sont d'autant plus faibles et faciles à endoctriner que ce sont des gens qu'ils aiment, connaissent et respectent qui s'adressent à eux. C'est d'autant plus pertinent dans le contexte global de l'État islamique, car les recruteurs utilisent la famille entière pour endoctriner l'enfant.

Les responsables de l'État islamique portent une attention particulière aux enfants de leur territoire car l'avenir de tout État réside dans les générations futures. Ainsi le « califat » investit lourdement dans l'endoctrinement des enfants, qui sont soumis à une idéologie extrémiste le plus tôt possible. En étant ainsi confrontés très jeunes à l'idéologie du « califat », ces derniers trouvent plus facilement normales ces pratiques et les défendent ensuite en public. L'endoctrinement devient ainsi à la fois tactique et stratégique pour l'État islamique. Les enfants peuvent répondre aux besoins présents du « califat », et une fois qu'ils auront grandi, ils continueront à maintenir l'existence et l'expansion de l'idéologie, assurant à ces idées une survie à long terme.

Il existe également une stratégie externe concernant le recrutement d'enfants pour l'État islamique. Les responsables du « califat » savent qu'ils remportent une bataille psychologique contre leurs ennemis lorsqu'ils diffusent des vidéos d'enfants commettant des actes brutaux qui violent toutes les lois internationales en vigueur, et attirent l'attention du monde entier sur leur « califat » tout en augmentant la peur qui s'en dégage.

L'État islamique n'est pas seulement intéressé par la guerre et les armes ; la majeure partie de ses efforts sont concentrés sur l'idée de construction étatique ainsi que sur le fait d'imposer l'image de l'« utopie » islamique

ultime, créant ainsi un « califat virtuel », comme une étude de Quilliam le soulignait dès 2015 : en un mois, 1146 interventions de la part des médias du « califat » tendaient à propager cette idée d'utopie islamique basée sur l'expansion économique, la gouvernance, la justice, la religion, l'interaction sociale et le respect de la nature et des paysages. L'organisation fait énormément d'efforts pour instaurer un processus éducatif qui endoctrine systématiquement tous les enfants dès le plus jeune âge et les incite à devenir de futurs terroristes. La génération actuelle voit en ces enfants de futurs combattants bien plus déterminés et dangereux qu'eux, car ils n'auront pas été convertis à des opinions radicales mais élevés au cœur de ces valeurs depuis leur naissance. Ils ont pu être exposés à des concepts religieux extrémistes dès le tout début et sont donc considérés comme plus « purs », et plus enclins au martyre que la génération actuelle. En comparaison, en République démocratique du Congo, par exemple, les enfants sont utilisés dans les groupes armés pour la sorcellerie. Trois types d'enfants soldats existent : les « érotiques », de très jeunes filles qui remplacent les adultes dans le rôle de danseuses et de symboles sexuels ; les « kadogos », des enfants soldats incarnant le mal et la mort ; les « shégués », des enfants des rues qui personnifient le chaos et la désintégration sociale.

D'un point de vue spirituel, comme ces enfants sont vus comme bénis de Dieu et exempts de péché (ce ne

sont pas des adultes qui ont fait leur *hijra*, ou des immigrants en État islamique, qui ont eu une autre vie), ils ont plus de chances d'être aidés par Dieu que les adultes. Comme ils sont nés au sein de l'État islamique, et ne sont pas corrompus par le mode de vie d'autres pays dotés de valeurs laïques (dont les pays arabes qui sont dotés de valeurs islamiques mais aussi séculières), ces enfants sont vierges de tout avilissement, plus forts même que les moudjahidine, les combattants, car ils ont une meilleure connaissance de l'islam, dont ils apprennent les préceptes depuis la petite enfance. Ils sont également de meilleurs combattants, plus brutaux et plus entraînés, de par l'âge de leur endoctrinement. La plupart des enfants qui vivent dans les régions contrôlées par l'État islamique ne reçoivent qu'une éducation religieuse, hors de toute autre éducation classique. Le but global est ainsi de préparer une nouvelle génération de combattants, une seconde vague de moudjahidine conditionnés intégralement à la survie du « califat ».

L'exposition prolongée à la violence, les séances répétées de désensibilisation que suivent ces enfants affectent leur bien-être physique et psychologique, à la fois à court et long terme. Ils deviennent incapables de contribuer de façon constructive à leurs sociétés car ils ne développent aucune capacité à se socialiser ou à communiquer.

## LES MÉTHODES DE RECRUTEMENT

### ÉDUCATION

La guerre civile en Syrie a eu un impact dévastateur sur l'éducation. Fin septembre 2015, plus d'un quart des écoles syriennes étaient endommagées ou détruites, et l'on estime le déplacement de la population à deux millions de personnes, dont 700 000 enfants réfugiés privés d'école (cf. rapport de l'ONU, novembre 2015). Ces chiffres correspondent à ceux des guerres précédentes, pendant lesquelles le droit fondamental à l'éducation est souvent devenu un luxe, compte tenu de l'embrigadement des enfants au sein des milices, des combats et des bombardements à l'intérieur et en dehors des écoles, ainsi que de l'effondrement des structures institutionnelles (cf. Déclaration universelle des droits de l'homme, 1949).

Cependant, contrairement à la plupart des conflits précédents, les écoles et le système éducatif constituent un élément clé du recrutement et de l'endoctrinement des enfants par l'État islamique, car ils demeurent des structures idéales pour influencer les cœurs et les esprits de la prochaine génération. On y inculque aux enfants les valeurs et l'enseignement inflexibles de l'État islamique, en les encourageant à espionner leurs familles et leurs camarades. Ceux qui s'y plient sont considérés comme des fidèles, et sont souvent orientés vers les camps d'entraînement de l'État islamique. Des faits similaires ont été observés en Somalie, où les écoles des zones contrôlées par Al-Shabbaab sont contraintes d'accepter son interprétation stricte de l'islam. La langue anglaise, les sciences, et toutes les autres matières jugées inconvenantes n'y sont pas enseignées. De sévères restrictions y sont également imposées à la tenue vestimentaire des jeunes filles. Les enseignants qui refusent de coopérer avec ce régime strict sont menacés et souvent tués. Cependant, le taux d'abandon des études au sein de ces écoles est important. Ce qui démontre qu'Al-Shabbaab ne parvient pas systématiquement à influencer une nouvelle génération d'enfants djihadistes (cf. Danielle Breitenbücher pour la Croix-Rouge, 2015).

En revanche, dans les zones contrôlées par l'État islamique, l'école est obligatoire pour tous les enfants (cf. Katarina Montgomery dans *Syria Deeply*, 2014). L'enseignement à domicile a été déclaré *haram* (interdit), les autorités de l'État islamique ne pouvant y contrôler l'éducation des enfants. Ces règles sont strictement appliquées. Les enquêteurs des Nations unies ont reçu plusieurs rapports signalant l'assassinat des enseignants refusant de dispenser la doctrine de l'EI. Ainsi, quatre professeurs d'un lycée de Mossoul ont été enlevés en janvier 2015 après s'être opposés à l'État islamique, et le 30 mars, l'instituteur d'une école

primaire a été exécuté pour avoir critiqué le groupe à Tall Afar (cf. Rapport sur la protection des civils en Irak, 2014-2015).

Les manifestations médiatiques de l'État islamique donnent une idée assez précise de l'enseignement dispensé au sein du « califat ». Des vidéos et des photos provenant de plusieurs *wilayat* (provinces) révèlent ce qu'inculque la doctrine, les uniformes que portent les enfants et les exigences des professeurs. Ces règles ont été édictées par le *Diwan al-Taleem*, l'équivalent d'un ministère de l'Éducation nationale, en 2015.

La semaine d'école a lieu du dimanche au jeudi et les classes ne sont pas mixtes. Les élèves passent cinq ans à l'école primaire puis quatre ans au collège. Âgés de six à quinze ans, garçons et filles y étudient séparément (cf. « Education in the Shade of the Caliphate », bureau de presse de l'EI à Raqqa, 2015). Les enfants de moins de six ans vont à la crèche, où ils intègrent des classes mixtes (cf. « Cubs Under the Caliphate – Kindergartens in the City of Mosul », bureau de presse de l'EI à Ninive, 2015). Les journées d'école sont aménagées « de manière à n'être ni trop longues et ennuyeuses, ni trop courtes et chargées ».

Les enfants ne portent pas d'uniforme, mais leur tenue doit être conforme aux lois rigoureuses de l'État islamique. En fonction de leur âge, les filles doivent se

حلب

soumettre à certaines exigences vestimentaires. Elles doivent par exemple porter le voile dès leur première année d'école primaire (cf. « A Primary School for Girls in the City of Rutba », bureau de presse de l'EI à Anbar, 2015).

Le contenu du programme est lui aussi très restreint comparé à ceux des écoles d'Irak et de Syrie avant l'arrivée de l'État islamique et à ce qui est généralement enseigné dans les pays occidentaux. Les matières comme le dessin, la musique, le patriotisme, l'histoire, la philosophie et les sciences sociales ont toutes été supprimées et remplacées par un apprentissage rigoureux du Coran, du *tawhid* (monothéisme), du *fiqh* (jurisprudence), de la *salât* (prière), des *aqîda* (principes), hadiths et sourates (la vie de Mahomet) (cf. « Imam Bukhari Institute in the Tal Abyad Area », bureau de presse de l'EI à Raqqa, 2015). Certaines matières ont été réduites au strict minimum. Par exemple, un livre de géographie se contente de nommer les continents, et un livre d'histoire n'enseigne que l'histoire islamique. Les cours d'éducation physique ont été rebaptisés « entraînement au djihad ». Ils comprennent des séances de tir, de natation et de lutte (cf. « Race Towards Good », bureau de presse officiel de l'EI/al-Hayat, 2014). Le livre d'éducation physique propose une série d'exercices quotidiens, ainsi qu'un chapitre consacré aux armes qui revient sur l'histoire, la composition, le maniement, et le nettoyage d'armes légères (cf. « Physical Preparation », *Islamic State*).

De plus, l'État islamique enseigne aux enfants ayant été formés dans le modèle éducatif occidental qu'ils ont été élevés selon « une méthodologie de l'athéisme » et sont obligés d'être orientés vers des écoles spéciales (cf. « Race Towards Good »). Les enfants issus des familles venues de régions extérieures à la Syrie et à l'Irak pour rejoindre l'État islamique reçoivent des cours sur la langue arabe, le Coran et les hadiths (cf. « Noble Youth », bureau de presse de l'EI à Alep, 2015). Les garçons ayant terminé leur apprentissage de l'arabe et du Coran, ainsi que la récitation de celui-ci, sont orientés vers l'entraînement physique et militaire où ils reçoivent une formation au combat à mains nues et au tir.

Les enseignants sont eux aussi étroitement surveillés. Ceux qui ne bénéficient d'aucune expérience préalable doivent aller apprendre la charia au sein d'un institut. Quant à ceux qui étaient déjà enseignants avant de rejoindre l'État islamique, ils sont obligés, en plus de suivre ces cours de charia, de demander pardon pour avoir enseigné « le programme mécréant ». Dans tous les cas, les professeurs sont recrutés pour enseigner le programme de l'État islamique, puis répartis dans les différentes écoles selon leur spécialité, ou affectés à des postes dictés par les besoins de l'école.

L'éducation telle que la conçoit l'État islamique est parfois proche de celle de l'Allemagne nazie, dans sa manière de percevoir les enfants et la pédagogie. Les dirigeants nazis avaient choisi d'utiliser la jeunesse allemande comme un catalyseur pour rompre avec la politique « décadente » de l'entre-deux-guerres et privilégier l'avenir de la nouvelle « communauté nationale » (cf. Pine). Afin d'instrumentaliser la jeunesse de façon efficace, le système éducatif de l'Allemagne nazie était davantage basé sur l'endoctrinement que sur l'émancipation. Ce point de vue est très clairement énoncé dans une directive du programme éducatif nazi :

> L'école primaire ne doit pas servir à fournir un éventail de connaissances destiné à l'usage personnel de l'individu. Elle doit développer et exploiter les facultés mentales et physiques de la jeunesse pour les mettre au service du peuple et de l'État. Par conséquent, le cœur du programme éducatif doit être la mise en œuvre des moyens nécessaires pour atteindre cet objectif. Tous les autres enseignements appartiennent à une vision obsolète de l'éducation et doivent être abandonnés.

Les concepts énoncés dans cette directive sont parfaitement applicables à l'État islamique. Cet endoctrinement de la jeunesse se révèle très efficace car les enfants font preuve d'une grande vulnérabilité durant les périodes de conflit et sont donc plus susceptibles d'assimiler les points de vue d'enseignants à qui ils accordent leur confiance, sans pouvoir analyser les programmes de manière critique. Le « califat » profite de cette vulnérabilité pour allumer la flamme de l'extrémisme dès le plus jeune âge. L'Unesco signale depuis longtemps qu'en période de conflit, certaines pratiques éducatives désastreuses alimentent la suspicion, l'hostilité et l'intolérance ethnique, et qu'un programme, une structure et un enseignement peuvent catalyser la violence (cf. Sobhi Tawil & Alexandra Harley pour l'Unesco, 2004). L'État islamique applique ce principe avec une effrayante efficacité et d'une manière qui évoque davantage un État autoritaire qu'un groupe extrémiste violent, en pratiquant un contrôle très strict et l'application d'une méthode stratégique visant à endoctriner les enfants et à leur inculquer son discours de haine et de violence.

Comme les adultes, les enfants ont des points faibles, des expériences, des désirs, des doléances, des problèmes qui les mènent à l'extrémisme, et n'ont pas forcément besoin du fil conducteur de la radicalisation pour être orientés vers les rangs des groupes extrémistes. Les facteurs qui les mènent à l'embrigadement sont cumulatifs. Cependant, les méthodes de recrutement au sein du « califat » peuvent être très clairement divisées en deux catégories : la contrainte et la cooptation.

### CONTRAINTE

La contrainte de rejoindre l'État islamique passe généralement par des enlèvements et a été très documentée. Par exemple, le 11 mai 2015, des soldats de l'État islamique chargés du recrutement ont pénétré dans plusieurs écoles de la région d'Hay al-Tamin, à l'est de Mossoul, pour enrôler des enfants de force. Les médias régionaux ont également confirmé que le groupe avait ouvert des camps d'entraînement militaire pour les enfants à Tall Afar et Raqqa, en Syrie. Le 14 mai 2015, quinze combattants de l'État islamique vaincus lors des combats étaient exécutés par des enfants soldats dans la région de Hamdaniya, au cœur des plaines de Ninive. En juin 2015, la Mission d'assistance des Nations unies pour l'Irak, en collaboration avec le Haut-Commissariat des Nations unies aux droits de l'homme (Unami/OHCHR), estimait qu'entre 800 et 900 enfants âgés de neuf à quinze ans avaient été enlevés par l'État islamique dans plusieurs régions aux alentours de Mossoul. L'État islamique a embrigadé des enfants âgés de cinq à dix ans dans des camps religieux, tandis que ceux âgés de dix à quinze ans ont été conduits vers des camps d'entraînement militaire. Les médias locaux ont diffusé une déclaration proclamant que les enfants qui refusaient d'obéir aux ordres de l'État islamique étaient fouettés, torturés ou violés. De plus, l'Unami/OHCHR a signalé que dans certains cas, des familles d'Anbar avaient été forcées par les tribus locales à envoyer leurs enfants rejoindre les rangs de l'État islamique. Les familles qui refusaient se voyaient répondre que la participation des enfants au djihad était obligatoire.

L'État islamique applique également, de manière plus indirecte, un système de contrainte dans lequel les personnes, et plus particulièrement les enfants, subissent des pressions pour rejoindre le groupe sous l'effet de la peur. L'État islamique continue de punir brutalement et de tuer les individus qui n'adhèrent pas à ses codes comportementaux, ou ceux qui sont considérés réfractaires à son idéologie. Le 15 janvier 2015, des membres de l'État islamique ont par exemple interrompu une fête de mariage au nord de Mossoul, parce que les voitures étaient ornées de fleurs et que la musique était trop forte. Quand une altercation a fini par éclater, les soldats de l'État islamique ont ouvert le feu sur les gens qui participaient à la fête, tuant les jeunes mariés et blessant plusieurs autres personnes. L'État islamique persécute également tous les groupes considérés comme étant « étrangers », comme les membres des diverses tribus ethniques et communautés religieuses ayant subi sa violence et celle de ses acolytes : exécutions, enlèvements, viols et autres formes de sévices sexuels sont perpétrés sur les femmes et les enfants.

## COOPTATION

Alors que la contrainte est largement utilisée pour forcer les enfants à rejoindre l'État islamique, dans le contexte du « califat », les enfants sont souvent radicalisés sur une plus longue période. Ainsi, de

différentes manières, la cooptation devient un mode de recrutement fréquent.

*Circonstances*

Le paiement des salaires par des groupes armés a déjà été identifié comme une motivation essentielle au recrutement des enfants, que l'on retrouve en particulier chez ceux du « califat » (cf. Montgomery). Dans les circonstances difficiles des pays en guerre, les rémunérations importantes accordées par l'État islamique suscitent l'intérêt des enfants et de leurs parents.

*Idéologie*

Le fait de se battre pour une idéologie constitue une autre raison capitale pour laquelle les enfants rejoignent l'État islamique. Au début de l'adolescence, l'attrait pour l'idéologie est d'autant plus fort qu'à cet âge, les jeunes développent leur identité personnelle et cherchent leur place dans la société. (cf. Graça Machel, « Promotion and Protection of the Rights of Children »). Dans le contexte d'une guerre, la réalité devient de plus en plus floue, les factions, ainsi que les différentes tactiques et objectifs qu'elles représentent, étant multiples. Ainsi, la perspective de combattre pour une idéologie clairement définie au sein de l'État islamique est une motivation forte pour les enfants. Elle leur donne un objectif très clair. Les enfants sont

اسود
اسود

attirés par l'opportunité de jouer un rôle spécifique au sein du « califat », ce qui représente un certain accomplissement car ils se sentent utiles et appréciés. Surtout, l'uniformité stricte de la vie au sein de l'État islamique offre une sensation de pouvoir et de structure au milieu des ambiguïtés et des incertitudes de la guerre. Ce sont des motivations très fortes, dans une société en guerre où beaucoup de gens se sentent privés de leurs droits et impuissants.

*Socialisation*

La socialisation implique au départ une interaction avec les enfants, dans les espaces publics ou les mosquées. On les encourage à rejoindre l'État islamique en leur offrant des jouets ou des bonbons, ainsi que l'opportunité d'arborer un drapeau du groupe ou même parfois de porter une arme (cf. John Horgan et Mia Bloom pour *VICE News*, 2015). À cette étape, les enfants sont exposés à l'idéologie de l'État islamique et fascinés par le récit des soi-disant succès militaires du « califat », par sa société utopique et le profit qu'en ont tiré ceux qui l'ont rejoint.

Contrairement aux conflits précédents, le recrutement de l'État islamique s'appuie fortement sur l'aide des membres de la famille pour coopter des jeunes. Des rapports d'enfants soldats ayant participé à d'autres conflits révèlent qu'ils ont parfois été forcés de tuer certains membres de leur famille, à la fois pour annuler toute perspective de retour au foyer familial et pour anéantir toutes leurs défenses psychologiques (cf. Bernd Beber et Christopher Blattman dans *International Organization*, 2013). D'un autre côté, l'État islamique n'est pas seulement un groupe rebelle, mais un État aspirant à la reconnaissance, ce qui nécessite une société, et pas seulement des soldats. Ainsi, ses tactiques de recrutement reposent sur une stratégie à long terme qui vise à l'enrôlement de la famille tout entière, et pas seulement à celui des enfants. On offre aux mères des manuels d'éducation djihadiste qui leur suggèrent de raconter aux enfants des contes évoquant les martyrs, de les familiariser avec l'imagerie djihadiste en les orientant vers des sites internet spécialisés, en les encourageant à pratiquer des sports et des activités leur permettant de développer leur musculature et leur psychomotricité (cf. Adam Withnall dans *The Independent*, 2015). Ainsi, les enfants grandissent exposés à l'idéologie de l'État islamique par ceux qu'ils aiment et à qui ils accordent leur confiance, ce qui renforce celle qu'ils accordent au groupe.

En définitive, les enfants sont également socialisés en rejoignant d'autres enfants. Ceux qui les ont précédés semblent s'épanouir à leurs yeux au sein de l'État islamique. De ce point de vue extérieur, les enfants s'imaginent que les comportements et les pratiques dont ils sont témoins correspondent à la norme, et à une trajectoire positive. Les enfants recruteurs déclament des discours qui atteignent à la fois les adultes et leurs enfants, grâce aux leurres de la position sociale, des objectifs à atteindre et de l'admiration (cf. Mia Bloom dans *Foreign Affairs*, 2015).

L'endoctrinement qui débute dans les écoles s'intensifie dans les camps d'entraînement, où des enfants âgés de dix à quinze ans reçoivent l'enseignement de la charia, perdant progressivement toute sensibilité face à la violence. Ils y apprennent les techniques qui leur permettront de servir au mieux l'État islamique et de défendre le drapeau du djihad.

Les filles y apprennent à cuisiner, à faire le ménage et à soutenir leur mari en étant de bonnes mères et de bonnes épouses, pendant que les garçons sont entraînés au combat en suivant un programme militaire (cf. étude d'Aymenn Jawad al-Tamimi, 2015). Par exemple, une vidéo intitulée « Farouk Institute for Cubs » montre l'entraînement suivi par les enfants yézidis, basé sur trois disciplines : l'enseignement du Coran et son application spécifique au djihad, le maniement des armes et le comportement face aux prisonniers (cf. Rapport sur la protection des civils en Irak, 2014-2015).

L'entraînement n'est pas censé être facile. Une vidéo réalisée par Province of Ninewa Media montre un camp d'entraînement où les jeunes sont formés aux arts martiaux et à l'autodéfense. Ils participent à des ateliers particulièrement éprouvants au cours desquels les instructeurs les frappent à coups de poing, de pied et de bâton (cf. « Cubs of the Caliphate », bureau de presse de l'EI à Dijla, 2015).

La vidéo montre aussi un groupe de jeunes soldats défilant en rang, armés de fusils AK-47, cagoulés et vêtus de leur tenue militaire.

Il est peu probable que cette vidéo reflète la réalité des camps d'entraînement de l'État islamique. Elle semble clairement avoir été mise en scène, et les réactions des enfants suscitent le doute concernant l'authenticité de leurs épreuves. Néanmoins, les témoignages d'anciens jeunes soldats du « califat » révèlent que leurs conditions de vie sont mentalement et physiquement éprouvantes. Certains d'entre eux ont par exemple été contraints de dormir sur des matelas infestés de puces (cf. Bloom). À ce stade de leur formation, isolés de leur famille, leur fidélité au « califat » devient totale. Les épreuves qu'ils endurent ensemble développent chez eux un sens aigu de la camaraderie et de l'entraide, et leurs camarades deviennent progressivement leur nouvelle famille. Des parents ont reconnu que les enfants recrutés par l'État islamique refusent souvent de retourner chez eux, déclarant préférer partir se battre pour le djihad et le « califat » (cf. Rapport sur la protection des civils en Irak, 2014).

Après avoir achevé leur entraînement, les enfants de l'État islamique participent à une cérémonie de fin

de formation, au cours de laquelle les jeunes soldats défilent en public, armés et vêtus de leur uniforme.

Ils reçoivent l'ordre de demeurer impassibles tandis que leurs instructeurs les frappent à coups de bâton, dans une mise en scène destinée à promouvoir leur force et leur sens de la discipline (cf. Horgan et Bloom).

Ce spectacle attire l'attention de nouveaux éléments, qui peuvent à ce moment être influencés par une propagande similaire à celle énoncée dans le document cidessous.

Dans ce document, l'État islamique justifie l'entraînement militaire des enfants par le biais d'un verset du Coran qui énonce : « Le tout-puissant a dit : "Légers ou lourds, lancez-vous au combat, et luttez avec vos biens et vos personnes dans le sentier d'Allah. Cela est meilleur pour vous, si vous saviez." (Coran, 9:41) » Le document cite également Mouhammad al-Bukhârî, auteur du *Sahîh al-Bukhârî* (considéré par les sunnites comme le plus authentique des recueils de hadiths), déclarant que « le messager de Dieu a dit : "Lorsqu'on vous appelle au combat, allez-y." » Cette tentative de justification théologique est suivie par une annonce qui cible les nouvelles recrues potentielles.

> Obéissant aux commandements du Dieu tout-puissant et à celui de son noble messager, l'État islamique appelle

> la jeunesse de l'islam et de la province de l'Euphrate à se battre et à rejoindre les rangs de leurs frères moudjahidine, en signe d'obéissance à Dieu et de soutien à Sa religion. Vous qui aimez ce qu'il y a de meilleur et qui désirez le djihad, levez-vous, hâtez-vous, tenez-vous prêts pour ce en quoi vous avez foi. Vous serez peut-être une pierre dans la construction de l'édifice sacré.

Par conséquent, un nombre grandissant d'enfants sont poussés à devenir des soldats du « califat » en assistant à des pratiques telles que la cérémonie de fin de formation. Ils embrassent progressivement la propagande de l'État islamique. Ainsi se perpétue le cycle du recrutement.

## LE RÔLE DES ENFANTS AU SEIN DU « CALIFAT »

L'analyse de Katarina Montgomery signale que plus de cinq millions d'enfants ont participé au conflit en Syrie. Ils ont été utilisés en tant que soldats, boucliers humains, messagers, espions et gardes. L'usage progressif des « armes légères » a facilité leur participation à l'effort de guerre (cf. Montgomery).

Après avoir suivi l'enseignement des écoles de l'État islamique et acquis des aptitudes militaires dans les camps d'entraînement, les enfants sont ensuite affectés à des rôles et des missions bien spécifiques, auxquels ils conviennent mieux que les adultes, à la fois physiquement et mentalement. Ces rôles ne sont pas fixes et les enfants qui y sont affectés peuvent être remplacés ou s'adapter à de nouvelles missions.

### LES ESPIONS

Dès le début de leur formation, les enfants sont entraînés à être des espions, à partager des informations sur les membres de leur famille, leurs voisins ou leurs amis qui ne se plient pas aux règles et aux pratiques du « califat » (cf. Horgan et Bloom). Lorsqu'ils parviennent à remplir ces missions, on leur confie d'autres rôles et davantage de responsabilités. Lorsqu'ils rejoignent le front pour combattre, ils sont une nouvelle fois entraînés à espionner leurs ennemis.

### LES PRÊCHEURS

La propagande de l'État islamique montre des enfants prononçant des discours et chantant devant la foule dans des espaces publics. Les enfants démontrant une aptitude à transmettre l'idéologie de l'État islamique sont utilisés pour répandre son message, réunir des soutiens et recruter de nouveaux combattants. Le prêche de l'idéologie du « califat » par des enfants peut se révéler très efficace, car ceux-ci font souvent preuve de plus d'enthousiasme pour leur cause que les adultes. Leur véhémence, associée à leur jeunesse, attire automatiquement davantage l'attention. Ils sont également capables de galvaniser d'autres enfants et de les inciter à rejoindre l'État islamique, par le biais de l'effet de groupe.

### LES SOLDATS

Les enfants suivent un entraînement militaire dans le but de pouvoir se battre sur le front, assurer la surveillance de leurs quartiers généraux, des check-points et des fabriques d'explosifs, et devenir tireurs d'élite. Des médias du gouvernorat de Ninive, par exemple, ont rapporté que des enfants avaient été enlevés et formés à l'usage des armes. Certains d'entre eux auraient été

utilisés pour faire exploser des bombes (cf. Rapport sur la protection des civils en Irak, 2014-2015). À Mossoul, des jeunes garçons ont été utilisés pour patrouiller et assurer la surveillance des check-points de l'État islamique. Le groupe a produit des vidéos montrant des enfants dirigeant une grande variété d'exercices d'entraînement les préparant à ce type de missions.

## LES BOURREAUX

Les enfants sont utilisés pour exécuter ceux qui refusent de se soumettre à l'idéologie de l'État islamique. En forçant les jeunes à participer à ces exécutions, l'État islamique normalise ces atrocités et pousse encore un peu plus loin l'embrigadement des enfants. Certains d'entre eux participent aux exécutions en tendant les poignards aux soldats adultes, tandis que d'autres accomplissent eux-mêmes la mise à mort. De surcroît, on leur enseigne que le fait de participer à une exécution est un privilège, un honneur et, dans un cas précis, une récompense. Dans une vidéo récente de l'État islamique issue de la province de Kheer, six jeunes enfants sont récompensés et obtiennent le privilège d'exécuter des prisonniers syriens. Ils parcourent un labyrinthe, à la recherche des prisonniers, puis célèbrent leur mise à mort après les avoir trouvés. L'un d'entre eux déclare qu'ils ont été « élevés pour conquérir l'Orient et l'Occident et restaurer al-Aqsa et al-Andalus » (cf. « To the Sons of Jews », bureau de presse de l'EI à Kheer, 2015).

## LES KAMIKAZES

Les enfants sont entraînés à commettre des attentats suicides. On leur demande parfois de porter des vestes chargées d'explosifs alors qu'ils sont affectés à d'autres missions, comme la surveillance, en cas d'attaque. Lorsqu'ils sont spécifiquement utilisés comme kamikazes, on leur a préalablement appris à porter des vestes et à conduire des véhicules chargés d'explosifs pour les faire exploser à des endroits précis. Selon l'Observatoire pour les droits de l'homme en Syrie, dix-neuf attentats suicides menés par des enfants ont été recensés en juillet 2015 (cf. Johnlee Varghese dans l'*International Business Times*, 2015).

Aux yeux des leaders de l'État islamique, les enfants représentent une certaine valeur en tant que kamikazes, car ils sont généralement moins anxieux que les adultes et se posent moins de questions sur la situation que s'ils avaient davantage d'expérience. Pour quelqu'un qui est imprégné de l'idéologie de l'État islamique, le fait de trouver la mort dans un attentat suicide est considéré comme un immense honneur. Le « califat » partage publiquement photos et vidéos de ces attaques en faisant l'éloge des kamikazes. Par conséquent, les attentats suicides ne procurent pas seulement davantage d'attention et de puissance. La gloire qu'ils confèrent est désirée et normalisée. En témoigne au sein du « califat » le nombre croissant de candidats aux attentats suicides.

## LES FILLES

Les filles reçoivent une éducation domestique au cours de laquelle on leur apprend à veiller aux besoins de leur mari, à élever leurs enfants dans le respect de l'idéologie de l'État islamique et à s'occuper de leur foyer. Étant considérées comme « les fleurs et les perles du califat », elles sont soumises par l'État islamique à des règles très spécifiques : obligation d'être entièrement voilées, de vivre cachées, de ne pas sortir de chez elles, sauf en cas de circonstances exceptionnelles (cf. « Photo report: Cubs and Flowers of the Caliphate – Education in the City of Akhtarin », *bureau de presse de l'EI à Halab*, 2015). Les filles doivent posséder certaines compétences, comme la couture et le tricot, afin de pouvoir subvenir aux besoins de leur famille. On considère légitime qu'une fille puisse être mariée à l'âge de neuf ans et au plus tard à seize ou dix-sept ans. Au sein de l'État islamique, le rôle des femmes est de « bâtir la *oumma*, d'enfanter des mâles et de les conduire à la férocité des combats » (cf. « To Our Sisters: A Jihad Without Fighting », *Dabiq* 11, 2015).

La vie sur le territoire du « califat » peut être brutale pour les filles et les jeunes femmes. Deux d'entre elles ont reconnu avoir été violées par des membres de l'État islamique ou des soldats collaborant avec le groupe. La première a décrit le viol dont elle a été victime à Mossoul, témoignant des cris des filles qu'elle

لا اله الا الله

avait entendus depuis le hall où elle et d'autres femmes étaient détenues. Ils provenaient d'une pièce voisine. Elle a raconté qu'elle avait vu un homme de l'État islamique pointer son arme sur une jeune fille qui tentait de lui résister. Après Mossoul, elles avaient été emmenées vers une école de Tall Afar où se trouvaient plus d'une centaine d'enfants en bas âge. La seconde jeune femme dit avoir été violée à Mossoul, dans un hall où elle était détenue avec d'autres femmes, après qu'elles ont été enlevées par l'État islamique. Elle dit avoir été violée trois fois par jour pendant trois jours. Selon ses déclarations, elle a aussi assisté au viol d'une fillette de huit ou neuf ans dans le hall. Les soldats de l'État islamique les ont ensuite conduites vers une école abandonnée de Tall Afar (cf. Rapport sur la protection des civils en Irak, 2014). Plusieurs femmes ont témoigné du fait que, durant leur captivité, des jeunes femmes et des fillettes avaient quotidiennement été enlevées et violées par les soldats de l'État islamique. Une femme âgée raconte que les jeunes femmes étaient ramenées plusieurs heures ou quelques jours plus tard, dans un « état déplorable ». Une jeune femme raconte qu'après avoir été capturée à Sinjar au mois d'août 2014, elle a été conduite à Tall Afar avec une centaine de fillettes et de jeunes femmes. Plusieurs jours plus tard, elle a été vendue à des soldats de l'État islamique, en compagnie d'une jeune fille de treize ans. Celui qui l'avait achetée la violait. Si elle essayait de lui résister, il la battait à coups de chaussure. Elle témoigne : « J'entendais les pleurs et les hurlements de l'autre fille dans toute la maison. Dieu sait ce qu'il lui faisait subir. Elle était trop jeune pour comprendre, et elle a dû avoir très peur » (cf. Rapport sur la protection des civils en Irak, 2014-2015).

## L'IMPACT SUR LES ENFANTS

### LES EFFETS DE LA GUERRE SUR LES ENFANTS

La guerre affecte les enfants tout comme elle affecte les adultes. Néanmoins, les premiers peuvent être atteints par ses effets de façons très spécifiques. Les guerres contemporaines tuent, mutilent et exploitent les enfants plus brutalement et plus systématiquement que par le passé (cf. Joanna Santa Barbara dans le *Croatian Medical Journal*, 2006). Ses effets vont de la mort aux blessures, handicaps, maladies, souffrances physiques, en passant par les conséquences morales et spirituelles ainsi que les échecs sociaux et culturels. L'exposition à la violence et la désensibilisation qui s'ensuit chez ces enfants durant la guerre causent des traumatismes sur le long terme, qui altèrent leur développement moral et psychologique (cf. Singer). En outre, la disparition des infrastructures telles que les écoles et les hôpitaux interrompt l'accès à l'éducation et aux soins, ce qui peut avoir un impact négatif aussi bien à court qu'à long terme.

Prenons l'exemple historique de l'Allemagne nazie, où un grand nombre d'enfants ont été traumatisés par la violence, la perte de leurs proches, les bombardements, la destruction, la déportation, les maladies, la famine et les carences affectives (cf. Michael Ermann,

Diana Pflichthofer et Harald Kamm dans *International Forum of Psychoanalysis*, 2009). Les parents de ces enfants, qui avaient eux-mêmes subi la première guerre mondiale, ont été affectés par le choc et la dépression de l'après-guerre. Ils étaient incapables de soutenir leurs enfants face à ces souffrances qui avaient été les leurs. Pour éviter d'accabler leurs parents, les enfants ne posaient pas de questions. Les enfants de cette génération, même soixante ans plus tard, n'ont pas complètement pu se débarrasser de l'héritage nazi basé sur la discrimination et la supériorité raciale.

Prenons maintenant l'exemple plus récent du Rwanda, où le génocide a causé la mort de plus de 800 000 personnes en l'espace de trois mois. Une enquête a démontré que 95,9 % des enfants avaient été témoins de cette violence. 87,5 % avaient vu des cadavres ou des corps démembrés. 69,5 % avaient été témoins d'exécutions ou de violences physiques (cf. Drumbl). Vingt-deux ans plus tard, ceux qui ont survécu à cette horreur peuvent toujours en sentir, voir et entendre les répercussions.

Pour citer d'autres exemples, Farhood et consorts estiment que la crise économique, la réduction du lien social et l'effondrement du service public causés par la guerre ont constitué les points centraux du désarroi de la jeunesse libanaise, tandis qu'une étude sur la jeunesse palestinienne estime que son désarroi est davantage dû à une violence familiale qu'à une violence politique (cf. Sofie Vindevogel *et al.* dans *Global Public Health*, 2013).

Par conséquent, l'impact de la guerre sur les enfants est à la fois direct et indirect. Mais il est clair que ses conséquences néfastes peuvent subsister sur plusieurs générations. Selon l'Unicef, plus de 16 millions d'enfants sont nés dans les zones de conflit en 2015 (un huitième des naissances mondiales de l'an dernier). Ce chiffre souligne la vulnérabilité dont fait preuve un nombre toujours croissant d'enfants (cf. « Children from All Walks of Life Endure Violence, and Millions More Are at Risk », Unicef). De plus, 31 000 femmes sont actuellement enceintes au sein de l'État islamique.

## QUEL IMPACT SUR LES ENFANTS SOLDATS ?

Les horreurs dont la majorité des enfants soldats font l'expérience peuvent également avoir un impact sur leur santé physique et mentale (cf. étude d'Ilse Derluyn, Sofie Vindevogel et Lucia De Haene, 2013). Robert, un garçon ougandais enlevé par l'Armée de résistance du Seigneur (LRA) à l'âge de treize ans, affirme après son retour au foyer : « Je ne peux pas dormir, je fais des rêves effrayants qui me ramènent là-bas. Je revois les visages des gens qui ont été tués, je revois la LRA qui vient me chercher» (cf. étude de Michael G. Wessells, 2006). Selon une enquête, les anciens enfants soldats de la LRA sont victimes de troubles psychologiques importants. Entre 93 et 97% d'entre eux montrent des symptômes de stress post-traumatique (ESPT), 20% souffrent de dépression, 13% d'anxiété, 37% de cauchemars, et 54% connaissent des difficultés d'ordre émotionnel ou comportemental au sens plus large (cf. Vindevogel *et al.*). Le traumatisme est à l'origine de cauchemars et de flash-back, et produit également des changements neurologiques qui les maintiennent dans un état de peur ou d'excitation important, ce qui les empêche de dormir ou de se détendre. Chez les enfants de sept à douze ans, le traumatisme peut se manifester par un grand isolement social et la reproduction compulsive d'événements traumatiques à travers le jeu. Chez les adolescents, il peut conduire à des comportements déviants et à la consommation de drogues. Tout cela met indirectement l'enfant en danger. Un enfant victime de traumatisme pourra par exemple se montrer incapable de concentration durant l'apprentissage, ce qui l'amènera à abandonner l'école et à se rabattre sur des activités dangereuses pour gagner sa vie.

Les conséquences sur les enfants soldats dépassent largement l'image répandue de l'enfant traumatisé et marqué à vie. Agnes, une jeune Ougandaise de dix-sept ans qui a été kidnappée par l'Unita, déclare que les violences

sexuelles dont elle a été témoin lui ont ôté toute confiance envers les hommes. Par conséquent, elle ne pourra sans doute jamais s'intégrer dans une société où l'on attend des jeunes filles qu'elles se marient. Mirwais, un garçon afghan de dix-sept ans, s'est battu aux côtés de l'Alliance du Nord en Afghanistan. Il a perdu sa jambe droite sur une mine et ne peut plus désormais gagner sa vie ni contribuer à l'effort familial.

Ces exemples montrent bien à quel point de nombreux anciens enfants soldats se retrouvent après la guerre dans une situation très difficile. Ils démontrent également la complexité et la finesse nécessaires pour aider à réhabiliter et à réintégrer ces enfants. Robert, pour sa part, a clairement besoin d'une thérapie, tandis que Mirwais a besoin d'une prothèse, d'une formation professionnelle et de solutions d'emploi aussi bien que de soutien psychologique.

Si le traumatisme joue souvent un rôle, il ne représente qu'une seule des conséquences psychosociales de la vie d'enfant soldat (cf. Wessells). Ces derniers sont confrontés à toutes sortes d'angoisses au sortir du conflit : la peur des représailles, d'un nouvel enrôlement, de la stigmatisation, de la pauvreté et des violences familiales. Ils développent des mécanismes de défense comme le refoulement ; en Bosnie, les adolescents qui ont connu l'impact psychologique le moins important sont ceux qui ont évité de ressasser leur expérience de la guerre. Le soutien des structures sociales comme la famille et les amis aide également les enfants soldats à gérer le stress qui découle de leur expérience et à continuer d'évoluer en société.

La force de l'idéologie peut elle aussi quelque peu préserver des effets de la violence. Ainsi, les adolescents israéliens qui percevaient le fait de combattre les Palestiniens comme un devoir patriotique ont souffert de moindres dégâts psychologiques que ceux qui manquaient d'une assise idéologique. L'élément le plus important demeure cependant la vie sociale. Souvent, les liens de « fraternité » formés dans les groupes armés rendent le départ difficile, il est donc important de bénéficier d'un soutien social en dehors du groupe pour compenser cette perte.

C'est pourquoi, pour réhabiliter ces enfants, il est important d'adopter une approche qui se base sur leur potentiel et non sur leur seul traumatisme. Leur capacité à se réintégrer peut être améliorée par l'encouragement de leurs forces et compétences, ce qui leur apporte une sensation de pouvoir, plutôt que par une approche thérapeutique basée sur le traumatisme qui risque de renforcer leur perception d'eux-mêmes comme victimes passives.

Dans les recherches sur les enfants soldats, on évoque beaucoup la question de la responsabilité, ainsi que des cadres de culpabilité ou de victimisation (on y reviendra par la suite). Certains, comme Mark Drumbl, affirment qu'il faut revisiter la façon dont on relate et tente d'expliquer le parcours des enfants soldats. Selon lui, le discours humanitaire contemporain les présente invariablement comme des victimes passives, instrumentalisées par la guerre, vulnérables, et dans une large mesure non responsables de leurs actes (cf. Drumbl). Ce discours n'a donné lieu à aucune innovation critique ni découverte, et la situation demeure en grande partie inchangée.

En outre, le pouvoir qu'éprouvent et dont jouissent ces enfants est souvent ignoré ou laissé de côté. Les filles qui, par exemple, ont combattu enfants dans la branche féminine du Felimo ont perçu cette expérience comme une libération et un gain de pouvoir, et leur vision reste identique à l'âge adulte. Elles l'ont vécue comme une libération du régime colonial et des structures patriarcales de la société mozambicaine. Selon David M. Rosen, les anciennes combattantes du Front de libération du peuple du Tigray en Éthiopie ont davantage confiance en elles, sont plus indépendantes et politisées que les autres femmes. Comprendre les expériences, les compétences et le savoir acquis par les enfants ayant pris part aux conflits armés est essentiel pour développer une approche adéquate et nuancée de la réhabilitation et des programmes de réinsertion.

## *Les enfants de l'État islamique*

### IMPACT PSYCHOLOGIQUE

Au sein de l'État islamique, les enfants sont exposés à la violence de façon répétée, et finissent donc au fil du temps par y être désensibilisés. Non seulement les camps d'entraînement assurent-ils l'éducation des enfants à la violence mais, dans les espaces publics, enfants comme adultes assistent régulièrement à des exécutions. L'EI encouragerait même les enfants à prendre part aux sévices, à brandir les têtes décapitées, ou à s'en servir pour jouer au football.

Les vidéos de tels événements tendent à promouvoir l'idée selon laquelle le grand public approuve ces exécutions. On y voit des enfants jouer des coudes pour obtenir des places au premier rang, démontrant ainsi qu'ils ne ressentent aucune gêne vis-à-vis des exécutions publiques. En outre, les enfants de l'EI sont souvent témoins de lapidations, crucifixions et décapitations. Ils deviennent non seulement insensibles à la violence, mais la normalisent et finissent par la défendre. On a vu des enfants conduire des prisonniers à la mort et, à une occasion, distribuer les couteaux aux adultes avant une décapitation de masse.

L'adolescence est une période importante au cours de laquelle les jeunes gens apprennent et intègrent les valeurs et normes de leur société (cf. Machel). Par conséquent, observer ce qu'ils assimilent est d'une importance capitale. La violence, l'idéologie et les concepts qu'intègrent les enfants dans l'État islamique ont une grande influence sur leur perception de ce qui est normal, et sont également préjudiciables à leur bien-être psychologique. Selon Peter S. Jensen et Jon Shaw, l'importance des conséquences physiques et émotionnelles est variable ; plus l'exposition à la violence est grande, plus l'est aussi le risque de conséquences néfastes (cf. Jon Lasser et Krysta Adams dans *School Psychology International*, 2007). De par la nature même de la guerre, une génération entière a conscience que le conflit et la dévastation sont des composantes normales de la vie (cf. étude de Kamel Muhanna, 2008). D'après Jerry Odland, en temps de conflit les enfants sont « conditionnés » : être éduqué à des pratiques nuisibles et violentes ainsi qu'être exposé à des combats cause des dégâts psychologiques considérables (cf. Lasser et Adams). Leur amour-propre est généralement détruit et ils se persuadent que la guerre est la seule option. Ainsi, une fois adultes, ils ne prennent pas en compte les alternatives pacifiques et tendent à répondre aux problèmes par des solutions violentes. Cet état de fait n'est pas seulement nocif pour l'individu, mais pour une génération entière d'enfants endoctrinés qui grandissent en normalisant le carnage. Les conséquences pour les enfants du « califat » seront plus grandes encore ; les effets de la vie en zone de guerre y sont largement aggravés par les stratégies de l'État islamique visant à exposer les enfants à d'importants niveaux de violence.

## IMPACT SOCIAL

Les conséquences à court et à long terme de la violence sur la santé psychologique de l'enfant ont également des implications sociales plus vastes. La violence sape les capacités d'apprentissage de l'enfant, son aptitude à construire sainement sa personnalité d'adulte, à créer des liens, à devenir un parent aimant et à vivre en communauté (cf. Montgomery). Ainsi, en compromettant la capacité de l'enfant à devenir un membre productif de la société, la violence encouragée par l'État islamique menace-t-elle au final l'« utopie » recherchée.

## IMPACT ÉCONOMIQUE

La réalité de l'après-guerre pour les anciens membres de milices ne fait qu'accentuer l'étendue des dommages que subissent les soldats. Si ce rapport se concentre essentiellement sur la situation actuelle au sein de l'État islamique, il est important d'analyser les conséquences d'autres guerres sur les enfants qui s'y sont battus pour prendre la mesure de la gravité de la situation. L'un des plus grands obstacles que les enfants soldats aient à surmonter est l'absence de perspectives professionnelles à l'issue du conflit. Tout d'abord, ils souffrent fréquemment de blessures telles que la perte de l'ouïe, de la vue ou d'un membre. Ces handicaps réduisent le nombre d'emplois qui leur sont accessibles dans la mesure où ils ne sont plus capables d'effectuer certaines tâches courantes. Les handicaps physiques dont souffrent ces adolescents peuvent causer leur mise à l'écart de

familles et de communautés déjà très pauvres, car ils ne peuvent plus s'adjuger leur part du fardeau (cf. étude de Rachel Brett et Margaret McMallin, 1996).

Lors des guerres précédentes, les adolescents se battant dans des milices n'allaient pas à l'école et leur manque de qualifications académiques a rendu difficile l'accès à des emplois civils. Si au sein du « califat », l'éducation est un élément clé de la stratégie d'endoctrinement de la jeunesse, le curriculum de ces enfants est extrêmement limité et en grande partie superflu hors du contexte de l'EI. Naturellement, cela compliquera l'accès à l'emploi. Par ailleurs, de précédents essais ont montré qu'il était très difficile de se remettre d'expériences traumatisantes au sein de milices de ce type, qu'il était non seulement ardu de garder un emploi régulier mais que, dans certains cas, cela pouvait conduire au suicide. Ainsi, il est évident qu'une fois plongés dans un environnement d'après-guerre – s'ils le sont un jour – les enfants du « califat » auront très peu de chances de retrouver une vie normale.

Dans tout programme dédié aux enfants affectés par la guerre, l'intérêt de ce dernier doit être la considération principale. Pour assurer son bien-être, les autorités doivent prendre en compte les circonstances, notamment l'âge de l'enfant, son niveau de maturité, la présence ou non de parents, son environnement ainsi que son expérience. Le principe de précaution doit être employé à chaque étape – en d'autres termes il faut s'assurer que les interventions quelles qu'elles soient n'aggravent pas la situation de l'enfant.

Le modèle traditionnel à l'aide duquel travaillent les agences de protection de l'enfance dans ce genre de cas – « désarmement, démobilisation, réinsertion » ou DDR – ne répond pas de façon adéquate à l'endoctrinement religieux ou politique employé de plus en plus fréquemment dans les conflits actuels pour nourrir l'« utopie » et la construction étatique. Les programmes DDR doivent inclure la capacité à faire preuve d'esprit critique, ainsi que le respect porté aux opinions politiques ou religieuses d'autrui, afin de s'assurer que de telles vues ne puissent dégénérer en réactions violentes. En outre, pour rendre les approches plus adéquates, il est important de comprendre le besoin qu'ont ces jeunes de donner un sens à leur vie, et de déconstruire les récits négatifs.

Il est nécessaire, et c'est une grande partie du défi, de s'assurer que les voix des enfants soient entendues et prises en considération. Il faut également apporter confidentialité et transparence au processus DDR. Cela s'avérera particulièrement important pour les enfants utilisés dans le cadre d'activités terroristes au sein de l'EI, car leur sécurité sera une considération essentielle. Il faudra envisager l'utilisation des réseaux sociaux et des avancées technologiques dans le recrutement et la communication avec ces enfants pour obtenir des processus de réhabilitation et de réinsertion efficaces.

L'un des principaux obstacles à la bonne réinsertion d'anciens enfants soldats est la stigmatisation. Cela sera également le cas pour les enfants de l'EI, car beaucoup percevront ces derniers de manière négative, comme ayant participé « de leur plein gré ». À ce stade, l'engagement des communautés, familles et dirigeants sera essentiel pour les campagnes de sensibilisation ou les processus de réinsertion. Il est nécessaire de disposer de programmes sur le long terme, qui pourront apporter un soutien aux enfants après la première étape que constitue la démobilisation.

## LA CONSTRUCTION DE L'ÉTAT

Au fondement de la stratégie de l'EI se trouve un concept essentiel : celui d'État. Il est souvent mâtiné de philosophie religieuse pour justifier l'existence du

groupe et la nécessité de la construction du « califat ». L'idée d'État-nation est alors partagée entre concepts historiques et valeurs.

Un texte historique tweeté par un soutien de l'État islamique en mars 2015 définit la création de l'État comme une résistance à l'occupation américaine en Irak et insiste sur l'importance de l'« unité des groupes djihadistes » pour combattre l'invasion américaine. Dans ce pamphlet, la création et la glorification de l'État sont un moyen de protection contre l'occupation étrangère. Cependant, il souligne également que les citoyens de tous les pays sont invités à rejoindre le groupe, ce qui implique que l'appartenance à l'État islamique transcende les nationalités individuelles. Il précise également que le cheikh Abou Moussab al-Zarqaoui est citoyen jordanien, et que s'il « existe bien un nationalisme », ce dernier est capable de diriger des milliers de combattants, parce que des gens originaires du monde entier soutiennent le groupe. L'idée de nationalité est ainsi remplacée par celle d'État, et toute nationalité peut se réclamer du groupe. Il est également important de noter que l'État en lui-même est lourdement gardé et protégé. Une personne accusée d'espionnage recevra souvent une punition extrêmement sévère, car il s'agit là d'une trahison de l'État.

Contrecarrer l'éducation théologique et historique que les enfants reçoivent dans l'État islamique sera l'un des aspects les plus importants à prendre en compte lorsqu'il s'agira de créer un programme de déradicalisation. Il existe un texte important sur le plan historique et pourtant largement détourné : la *Fatwa de Mardin* d'Ibn Taymiyya, qui admet qu'étiqueter une ville « terre de guerre » ou « terre de paix » est peut-être trop radical. Ibn Taymiyya propose quant à lui le concept moderne de « terre d'islam mixte », un territoire où vivraient aussi bien des musulmans que des non-musulmans cohabitant en paix. Voici le dernier paragraphe de la *fatwa* :

> Quant à savoir si elle est terre de guerre ou de paix : elle est composite, les deux aspects s'y retrouvent. Elle n'est pas comme la terre de paix, où ont cours les règles de l'islam, son armée étant musulmane, ni comme une terre de guerre dont les habitants sont des infidèles : elle constitue un troisième type [de territoire], où le musulman est traité comme il le mérite et où celui qui s'écarte de la voie de l'islam est traité comme il le mérite.

Dans d'autres éditions plus tardives, une partie essentielle du texte, *yu'amal*, ce que l'on peut traduire par « doit être traité » est remplacée par *yuqatal*, ce qui signifie « combattre jusqu'à la mort » et change donc radicalement le sens de la phrase. La *fatwa* comportant la coquille a été largement diffusée depuis l'Arabie saoudite et utilisée par des groupes terroristes comme Al-Qaïda et l'État islamique pour justifier les meurtres de civils (cf. Ian Whiteman, « Deadly Typos », 2014). Cependant, le texte d'origine constituait en réalité tout sauf un feu vert à l'ouverture des hostilités. Les groupes qui utilisent le texte pour justifier leur violence à l'égard des non-musulmans disposent d'une traduction fautive et trahissent l'intention du texte d'origine. Notons tout de même que si Ibn Taymiyya était un brillant théologien qui a apporté son lot de contributions positives à la pensée islamique, d'autres aspects de sa pensée sont plus problématiques. Son strict littéralisme et son puritanisme à bien des égards inspirent une pléthore d'extrémistes sunnites contemporains.

En enseignant aux enfants l'interprétation de la théologie, il serait bon d'insister sur ce texte ; il est très probable qu'on leur ait appris la version fautive, qui a été utilisée par des dirigeants influents comme Oussama Ben Laden pour justifier le meurtre d'Américains (cf. Yahya Michot dans *The Muslim World*, 2011). La version correcte de la *fatwa* doit constituer une part importante de leur curriculum, et leur apprendre que la religion peut promouvoir la coexistence pacifique entre différentes cultures et religions. L'existence de cette *fatwa* démontre que ce qu'on leur a enseigné est faux, et pourrait les encourager à adopter une approche plus critique et à questionner les principes de l'État islamique. Pour déradicaliser les enfants de l'EI, il sera important de combattre cette notion d'État et d'aider les enfants à comprendre l'idée de nationalité.

## LES PROGRAMMES DDR(R)

Le protocole standard pour aborder la question des enfants soldats est le DDR – « désarmement, démobilisation, réinsertion » – auquel quelques pays ont ajouté un second R pour « réhabilitation ». Si les processus DDR sont évidemment aussi variés que les contextes dans lesquels ils s'appliquent, ils commencent souvent par une phase de désarmement, au cours de laquelle les armes détenues par les enfants soldats sont saisies et détruites publiquement (cf. Wessells).

Durant la phase de démobilisation, les enfants sont retirés des groupes armés dont ils faisaient partie et entament une transition vers le retour à la vie civile. Le processus de démobilisation implique de placer ces enfants dans des centres spécialisés pendant que l'on tente de retrouver leur famille. Ces processus diffèrent d'un pays à l'autre – en Sierra Leone, les enfants ont été gardés jusqu'à six mois, tandis qu'en Afghanistan il ne fallait généralement que quelques jours avant que les enfants ne retrouvent leur famille.

Durant la phase de réinsertion, les enfants sont renvoyés dans leurs anciennes communautés et sociétés pour tenter de s'y réintégrer. La réhabilitation est souvent un aspect critique du processus au cours duquel il faut gérer aussi bien le traumatisme de l'enfant que celui de la communauté dans son ensemble. Parmi les éléments cruciaux de la réhabilitation, il y a le retour à l'enfance à travers la réinsertion dans les familles et les communautés, qui ostracisent souvent les anciens enfants soldats pour le rôle qu'ils ont joué dans le conflit (cf. Singer). En Afrique par exemple, 80 % des adultes ont affirmé ne pas vouloir que leurs enfants aient de liens avec d'anciens soldats. Il est nécessaire d'adopter une approche multidimensionnelle pour empêcher la stigmatisation. En Sierra Leone, par exemple, l'Unicef a conclu un accord avec les médias locaux pour promouvoir la réintégration et la réconciliation.

Si beaucoup de recherches ont été faites sur le DDR, et si de nombreuses directives ont été développées par des agences, le modèle n'est pas toujours concluant dans les faits. Comme Michael G. Wessells l'a résumé : « Les processus DDR sont très clairs dans l'idée, et très confus dans leur application. »

## POUR DE NOUVELLES APPROCHES

Faire preuve de sensibilité culturelle et développer des approches adaptées au contexte local est essentiel au succès des programmes DDR(R). L'enfance n'est pas un concept universel et les idéaux qui sous-tendent souvent le travail humanitaire sont influencés par une vision moderne et occidentale de l'enfance. Comme l'affirme David M. Rosen :

> Adopter une définition unique et universelle de l'enfance dans l'humanitaire international et les lois relatives aux droits de l'homme, c'est ignorer qu'il n'existe pas d'expérience ou de compréhension universelles de l'enfance.

Tenter de mettre en œuvre des mesures qui se basent sur cet idéal peut entraîner des réactions violentes au sein des communautés. L'expérience de l'enfance diffère en fonction de l'âge, de l'ethnicité, du genre, de l'histoire et du lieu, entre autres facteurs. Lorsqu'ils abordent ces questions, les professionnels s'enlisent trop souvent dans un débat entre pur universalisme et pur relativisme culturel – dans un cas, une conception unique de l'enfance applicable à l'humanité entière, dans l'autre, une expérience de l'enfance entièrement spécifique à chaque culture où aucune règle universelle ne peut être adoptée :

> Sur le plan conceptuel, il est nécessaire de dépasser le débat stérile de l'universalisme contre le relativisme culturel pour s'impliquer davantage dans la réalité des vies d'enfants, qui sont inévitablement façonnées par des idées, des pratiques et des relations de pouvoir tout à la fois locales et globales. Il nous faut reconnaître que la vision de l'enfance proposée par la CIDE [Convention internationale des droits de l'enfant] a sans doute une pertinence relative pour les enfants qui manquent des moyens sociaux, économiques et politiques nécessaires à la réalisation de cette vision (Hart, p. 223).

Cette vision en grande partie idéaliste de l'enfance peut engendrer d'autres problèmes. Maintenir, par

exemple, que les enfants sont entièrement victimes de l'exploitation des adultes les décharge de toute responsabilité dans les atrocités qu'ils peuvent commettre, alors que tant les enfants que les communautés peuvent estimer qu'il existe une certaine part de responsabilité (cf. Rosen). Par conséquent, les enfants soldats qui tentent de se réinsérer dans les communautés font souvent l'expérience d'un contrecoup, à travers la discrimination, la stigmatisation et l'exclusion. La position nébuleuse de ces enfants à la fois victimes et bourreaux ne fait qu'aggraver ces problèmes, car la réconciliation et la justice transitionnelle sont des éléments clés de la réinsertion dans les communautés (cf. Derluyn, Vindevogel et Haene). S'aligner sur la vision dominante de l'enfant soldat comme victime et non comme bourreau affecte ces processus en oblitérant le ressenti des communautés. Pour corriger cela, il faudra adopter des approches spécifiques au contexte.

Échouer à mettre en place une justice transitionnelle peut provoquer de la défiance et de la haine au sein des populations, et mener à des vengeances et à des représailles. Ces divisions peuvent être exacerbées par le traitement d'exception dont bénéficient les enfants soldats. En dépit de ses bonnes intentions, la communauté humanitaire internationale a souvent aggravé ces problèmes. Les recherches ont montré que les enfants soldats sont plus stigmatisés par leur communauté en raison du niveau disproportionné d'aide internationale, d'attention et de soin qu'ils reçoivent, comparativement aux populations civiles également traumatisées mais perçues, elles, comme innocentes. Les communautés peuvent être aigries par l'impression que ces enfants sont en quelque sorte récompensés pour les atrocités qu'ils ont commises. En outre, elles ne considèrent peut-être pas ces soldats comme des enfants, ce qui ne fera qu'ajouter à leur mécontentement.

## LE TRAUMATISME COLLECTIF

Le traumatisme collectif que ces communautés ont vécu est un facteur important à prendre en compte lors de la réinsertion des enfants soldats. Dans bien des pays où le problème est répandu, les enfants démobilisés sont gardés un certain temps dans des centres spécialisés où les priorités sont les suivantes : assurer leur bien-être physique via des programmes nutritionnels, des soins médicaux et une éducation sanitaire ; remise en place d'un cadre quotidien à travers un emploi du temps comportant des activités comme la cuisine, la prière, la lessive et le sport ; activités éducatives et formation professionnelle ; activités thérapeutiques visant à gérer les conséquences d'événements traumatisants. Le suivi est moins important après le retour des enfants dans leur famille ou communauté. Cela peut être préjudiciable. En effet, beaucoup d'anciens enfants soldats affirment que les problèmes socio-économiques auxquels ils font face en réintégrant la vie civile constituent un défi plus important encore que les traumatismes qu'ils endurent.

La majorité des programmes de réhabilitation et de réinsertion existants abordent trop peu l'interconnexion entre les traumatismes individuel et collectif, ce qui conduit à des difficultés persistantes dans la réinsertion de ces jeunes gens au sein de leur communauté.

La plupart des programmes de réhabilitation et de réinsertion sont administrés par des ONG nationales et internationales. Les organismes humanitaires ont quant à eux commencé à délaisser ces programmes de réhabilitation pour encourager le développement de compétences liées à la vie civile, notamment à travers la formation professionnelle. Ces dernières années ont été financées des activités de sensibilisation pour les communautés, qui visent à réduire la stigmatisation et la discrimination des anciens enfants soldats.

En endommageant les liens sociaux entre les individus, le traumatisme collectif altère fondamentalement le tissu communautaire, dont les humains tirent le « sens social ». Par conséquent, la réhabilitation doit être replacée dans un contexte social qui prend en compte aussi bien le traumatisme de la communauté que le traumatisme individuel de l'enfant soldat. En outre,

la « réinsertion » peut dans de nombreux cas n'être ni possible ni souhaitable, soit que la guerre ait changé la communauté de façon significative, soit que l'enfant lui-même ait été trop affecté par son expérience. C'est pourquoi réintégrer l'enfant dans un ordre des choses préexistant peut ne pas être possible.

*Le cas de l'Afghanistan*

Depuis l'invasion de l'Afghanistan par les États-Unis en 2001, presque tous les différents belligérants ont eu recours à des enfants soldats : l'Alliance du Nord, les talibans et leurs alliés, ainsi que l'armée et la police du gouvernement afghan. Le premier militaire américain à mourir en Afghanistan a été tué par un garçon de quatorze ans (cf. Singer). Des centaines d'enfants qui se battaient pour les talibans ont été arrêtés en Afghanistan, tandis que l'Alliance du Nord enrôlait également des enfants de force – en cas de refus, ils pouvaient être passés à tabac et leur foyer détruit (cf. Drumbl).

Depuis 2007, les talibans et leurs affiliés, dont le Front Tora Bora, Jamat Sunat al-Dawa Salafia et le Réseau Latif Mansur, ont été placés sur la liste des groupes recrutant régulièrement des enfants par la Représentante spéciale pour les enfants et les conflits armés Leila Zerrougui : « On considère que ces groupes commettent des violations graves et répétées à l'encontre d'enfants » (cf. rapport de l'ONU, mai 2015).

À partir de 2010, l'insurrection conduite par les talibans en Afghanistan s'est étendue du Sud vers les régions auparavant stables du Nord, de l'Est, de l'Ouest et du Centre. Depuis cette époque, le Réseau Haqqani et le Hezb-e-Islami dirigé par Gulbuddin Hekmatyar recrutent et utilisent eux aussi des enfants. La majorité de ces enfants servent à la manufacture, au transport et à la pose d'engins explosifs improvisés (EEI). Cependant, les talibans et les autres groupes ont également utilisé des enfants pour conduire des opérations suicides ; entre septembre 2010 et mai 2015, vingt jeunes garçons sont morts en commettant des attentats suicides.

Certains des jeunes qui sont arrêtés déclarent qu'ils ont été enlevés et qu'on leur a fait passer la frontière pakistanaise pour leur enseigner le maniement des armes. L'ONU a reçu des rapports affirmant que les talibans se servaient d'écoles religieuses au Pakistan et en Afghanistan pour recruter et entraîner les enfants. Dans bien des cas, les parents affirment qu'ils ignoraient que leurs enfants avaient suivi un entraînement militaire.

En 2011, le gouvernement afghan s'est accordé avec les Nations unies pour mettre en place un plan d'action visant à empêcher le recrutement et l'utilisation d'enfants par ses forces de sécurité. Malgré cela, dans le rapport annuel de l'ONU sur les enfants et les conflits armés datant de 2014, la police nationale afghane, de même que la police locale, figurent parmi les acteurs qui recrutent et utilisent des enfants.

Un décret présidentiel a été ratifié début 2015 pour criminaliser le recrutement d'enfants de moins de dix-huit ans, et une directive a été émise pour interdire le recours aux enfants, y compris à titre d'appuis, et prévoir des sanctions pour les contrevenants. Les unités de protection de l'enfance au sein de la police auraient empêché plus de 400 enfants de s'enrôler.

Le gouvernement afghan a fait la preuve de sa détermination, cependant les problèmes demeurent. En raison de conditions socio-économiques difficiles, beaucoup de familles encouragent leurs enfants à rejoindre les forces de sécurité nationales afghanes. Ils réussissent souvent à s'enrôler en raison du manque d'informations disponibles pour déterminer l'âge des enfants, de l'impunité généralisée et du manque de transparence. Les certificats de naissance sont peu répandus et les papiers d'identité simples à falsifier.

Selon le ministère afghan de la Justice, entre septembre 2010 et février 2013, au moins 656 garçons sont passés par des centres de réhabilitation juvénile à travers le pays pour leur association avec des groupes d'opposition armés. En 2015, la Mission d'assistance des Nations unies en Afghanistan (Manua) a continué à avoir vent de tortures, maltraitances et détentions prolongées

d'enfants par la police nationale. Les médias nationaux ont fait étalage d'affaires impliquant l'arrestation d'enfants pour des crimes liés à la sécurité nationale. La Manua a exprimé son inquiétude face au manque de protection dont bénéficient ces enfants et à l'apparente absence de mesures de réinsertion adéquates.

Il reste beaucoup à faire en Afghanistan, tant pour empêcher le recrutement d'enfants que pour satisfaire les besoins de ceux qui ont été démobilisés. Il faudra notamment pallier le manque d'alternative des enfants exclus ou libérés de l'armée.

*Le cas du Pakistan*

Au Pakistan, les enfants sont utilisés par de nombreux groupes armés dont les talibans, le conflit ayant débordé la frontière afghane. Un rapport de l'ONU daté de septembre 2007 affirme que le Pakistan est une source importante de ressources humaines et matérielles pour l'Afghanistan, particulièrement en ce qui concerne l'organisation d'attentats suicides. Les recruteurs y visent spécifiquement les orphelins et jeunes étudiants des madrasas pakistanaises (cf. Singer). Dans le documentaire *Children of the Taliban*, un commandant révèle qu'il recrute les enfants dès l'âge de cinq ans, et affirme que « les enfants sont des outils pour mettre en œuvre la volonté de Dieu. Tout ce qui croise votre chemin, vous le sacrifiez. »

En juillet 2007, on rapporte qu'un garçon de quatorze ans est rentré dans sa famille au Pakistan après avoir été recruté dans sa madrasa du Waziristan, entraîné et envoyé de l'autre côté de la frontière pour commettre un attentat suicide visant un gouverneur de province. Là, les forces de sécurité l'ont fait prisonnier. Selon lui, au moins deux autres garçons de la même madrasa avaient été endoctrinés et planifiaient des attentats suicides.

On a rapporté des faits similaires dans des villes en lisière des zones tribales pakistanaises : des garçons entre onze et quinze ans étaient recrutés dans leurs écoles par des militants pro-talibans et entraînés en Afghanistan pour commettre des attentats suicides. On leur promettait l'aventure et le sacrifice, même si un certain degré de coercition était exercé – parents et professeurs s'exposant à des représailles s'ils empêchaient l'enfant de partir.

En septembre 2007, un attentat suicide a été commis au Pakistan par un enfant. Le kamikaze, âgé de seize ou dix-sept ans, s'est fait exploser dans la ville de Dera Ismail Khan dans le Nord-Ouest, tuant dix-sept personnes et perdant lui-même la vie. Selon le journaliste pakistanais Zahid Hussain, environ 90 % des kamikazes du pays ont entre douze et dix-huit ans (cf. étude de Kalsoom Lakhani, 2010).

En janvier 2010, l'armée pakistanaise est tombée sur un camp taliban à Nawaz Kot, qui aurait servi à entraîner des enfants kamikazes. On montrait à ces derniers des peintures colorées du paradis, avec ses rivières de lait et de miel, ce qui formait un contraste frappant avec leur environnement hostile et aride. Des rapports ont également indiqué que les groupes nationalistes baloutches recrutaient des enfants à partir de quatorze ans pour leur insurrection au Baloutchistan, mais ces informations n'ont pas été confirmées.

À l'origine, le gouvernement pakistanais n'avait pas mis en place de programme DDR, en dépit des recommandations du Comité des droits de l'enfant de l'ONU en octobre 2003. Depuis, le centre Sabawoon a ouvert ses portes en septembre 2009 pour réhabiliter les anciens enfants soldats enrôlés par les groupes armés. Le centre a été inauguré par le chef de l'état-major à Makaland, et hébergeait initialement vingt-deux enfants entre douze et dix-sept ans. En 2010, une école a été ouverte dans la vallée de Swat pour déradicaliser et réhabiliter d'anciens enfants militants.

Il est absolument nécessaire de prendre en compte le contexte culturel dans les programmes de déradicalisation : dans les camps d'endoctrinement pakistanais, la vengeance était un thème souvent abordé. C'est un excellent exemple de tactique de recrutement intelligente et adaptée, l'honneur et la vengeance étant des thèmes importants dans la culture pachtoune. Si les centres de réhabilitation de Sabawoon et Swat constituent un bon début, le Pakistan doit investir beaucoup plus dans ce genre de projets.

Le pays pourrait prendre exemple sur le Sri Lanka, où le gouvernement a établi plusieurs centres de transit pour réhabiliter les enfants ayant combattu avec les Tigres de libération de l'Îlam tamoul (LTTE) (cf. Unicef, octobre 2003). C'est un programme très innovant, qui a tissé des partenariats avec l'international Cricket Council, l'Association sri-lankaise de cricket et l'Unicef pour s'appuyer sur le cricket dans la réhabilitation des enfants. Grâce au sport, ces derniers sont de nouveau traités comme des enfants, non comme d'anciens combattants. Ils vivent dans des camps en dehors de la capitale où ils reçoivent un enseignement et une formation professionnelle. Le programme, baptisé « Cricket for Change », utilise le cricket comme un vecteur de changement pour tous les jeunes défavorisés.

L'intérêt pour le cricket étant commun aux deux pays, ce programme pourrait inspirer des démarches similaires au Pakistan.

*Le cas de l'Irak*

Un rapport bénéficiant du soutien de l'Unicef et de la Mission d'assistance des Nations unies en Irak et dressant un état des lieux de la protection de l'enfance a été finalisé et approuvé par le gouvernement irakien, et un

projet de loi a vu le jour en 2013. L'Unicef a également travaillé avec les autorités pour créer un Système de gestion de l'information sur la protection de l'enfance, et des protocoles de prise en charge pour répondre aux signalements de cas d'enfants vulnérables.

Une coalition d'acteurs dirigée par l'Unicef, incluant des agences de l'ONU ainsi que des organisations non gouvernementales internationales et locales spécialisées dans les questions de protection de l'enfance, a été établie dans trois gouvernorats de la région du Kurdistan irakien et à Bagdad. Entre janvier 2013 et juin 2015, les organisations de protection de l'enfance ont été en mesure de fournir un soutien psychologique à 103 181 enfants et une assistance spécialisée à 10 398 enfants. Elles ont également pu identifier et fournir des papiers d'identité à 1 474 enfants non accompagnés parmi les réfugiés et les déplacés internes.

*Le cas de l'État islamique*

Dans le cas d'enfants qui ont été endoctrinés par des croyances religieuses ou politiques, les programmes traditionnels DDR ont de grandes chances d'être inefficaces. Ces initiatives se concentrent sur les besoins de santé immédiats et s'étalent en moyenne sur moins de trois mois, ce qui est trop peu pour répondre réellement aux besoins psychologiques ou pour s'occuper de déradicalisation. À l'origine, le DDR a été conçu pour réhabiliter les soldats adultes, et n'était pas censé être appliqué aux enfants.

Si l'attention internationale s'est beaucoup portée sur l'extrémisme violent depuis 2001, peu d'efforts ont été entrepris pour la déradicalisation, et la recherche croisant déradicalisation et DDR est encore très récente. De nombreux pays ont implanté des programmes de déradicalisation pour les terroristes adultes – Pays-Bas, Royaume-Uni... le plus important se trouvant en Arabie saoudite (cf. Jessica Stern dans *Foreign Affairs*, 2010). Si ces projets en sont à leurs balbutiements et ne bénéficient pas encore d'une recherche poussée, les programmes de déradicalisation peuvent et doivent apprendre d'autres initiatives – celles qui travaillent à la déradicalisation des partisans d'autres idéologies extrémistes et terroristes, ainsi qu'à la réhabilitation des membres de gangs. Ce second exemple pourra s'avérer essentiel dès lors qu'il s'agira de travailler avec des enfants radicalisés dans un cadre extrémiste violent.

L'importance et la difficulté de la déradicalisation des enfants sont bien illustrées par l'exemple de Dounia Bouzar en France – « Madame Déradicalisation » comme on l'a surnommée –, qui utilise une palette de techniques différentes conçues pour travailler avec les jeunes à risques et les toxicomanes, et les applique à des enfants qui soutiennent ou ont essayé de rejoindre l'État islamique.

Beaucoup des enfants avec qui travaille Dounia Bouzar sont des filles, ce qui illustre tout à la fois la sophistication et les aptitudes des recruteurs de l'État islamique, capables d'adapter leurs tactiques à l'individu qu'ils ciblent. Fait intéressant, une majorité de ces filles sont issues de familles athées ou catholiques. Seule une sur cinq en moyenne vient d'une famille musulmane. Ces filles ont souvent eu un passé difficile ; les mots de l'État islamique peuvent être particulièrement séduisants pour celles qui ont subi des violences ou des abus sexuels, parce que leurs recruteurs « leur offrent un monde dans lequel hommes et femmes sont séparés et où une fille est protégée par son niqab comme par une armure » (cf. étude d'Emma-Kate Symons, 2016).

C'est un exemple parmi d'autres de la manière dont les recruteurs terroristes endoctrinent les enfants en visant d'abord les plus vulnérables ou les plus à risque, et pas seulement les musulmans chez qui les recruteurs pourraient exploiter un sentiment d'injustice préexistant (cf. étude de Rukmini Callimachi, 2015). Comprendre comment les recruteurs terroristes exploitent les vulnérabilités des enfants est important pour développer des programmes de déradicalisation et tirer les leçons d'autres types d'entreprises de réhabilitation.

Déradicaliser les enfants engagés au sein de l'État islamique, qui n'ont rien connu d'autre que ce mode de vie et en ont subi des traumatismes physiques et psychologiques, est un processus qui doit être long et rigoureux. Il faudra tout d'abord déterminer si ces enfants ont rejoint l'État islamique de leur propre chef ou avec l'accord de leur famille. Ensuite, à quel âge l'enfant en question a-t-il rejoint l'État islamique : adolescent ou bien plus jeune ? Via ce processus, il faudra ainsi discerner le degré d'autonomie ou d'embrigadement derrière sa radicalisation, et déterminer à quel point l'enfant était une victime ou un fervent radical.

Dans les cas où les enfants ont été livrés à eux-mêmes, les familles peuvent constituer la première ligne de défense contre la radicalisation. Il faudra créer des programmes qui éduquent les parents et l'opinion publique et habituer la société civile ainsi que le gouvernement à mieux connaître les signes de radicalisation des enfants. Il faudra que ces enseignements soient dispensés dans des espaces publics comme les écoles, les lieux de culte ainsi que dans toutes les communautés qui touchent la jeunesse.

L'État islamique pose un problème unique en son genre, en raison du nombre de recrues étrangères volontaires qui ont rejoint le « califat ». De plus, au vu des circonstances très particulières de ce conflit, il sera très difficile de réintégrer des enfants qui se sont enfuis ou qui ont été sauvés des bras des groupes terroristes. Par exemple, à l'automne 2015, 436 enfants, tous garçons, étaient emprisonnés en Irak (cf. rapport de l'ONU). La protection des enfants en Irak est un véritable défi, notamment à cause du manque d'institutions valides et d'alternatives qui leur seraient proposées. Nous encourageons vivement l'idée que ces enfants et adolescents soient renvoyés au sein de leur famille dans de brefs délais, et qu'ils ne soient pas emprisonnés en Irak avec des adultes, comme le recommande l'Unicef (cf. l'étude de Christine Bakker en 2010).

Le retour de ces enfants à une vie normale sera difficile, et nous recommandons la création d'instances pouvant évaluer le degré de radicalisation de chaque enfant au cas par cas, afin de proposer des chemins de réintégration assortis d'une période de suivi et de soutien rapprochés. Il faut que des dossiers précis accompagnent chacun de ces enfants afin que les équipes puissent déterminer quels sont ceux qui peuvent débuter des programmes de déradicalisation sans passer par un processus judiciaire. Il faut, ensuite, les suivre tout au long du processus et qu'ils fassent l'objet d'évaluations.

*À destination des décideurs des Nations unies et de l'Union européenne :*

## 1. ÉVALUATION

L'évaluation de la situation et des besoins de chaque enfant, au cas par cas, est la première étape cruciale pour que sa réintégration soit complète et couronnée de succès. L'évaluation implique l'intervention d'une équipe multipartite regroupant des psychologues chevronnés, des enseignants, des interprètes, des professionnels de la santé incluant des experts en violences sexuelles et stress post-traumatique, services de douanes, autorités judiciaires et acteurs de la vie locale. Le degré d'engagement et de soumission des enfants dans les groupes extrémistes ainsi que leur exposition à une idéologie de violence peut varier, tout comme leurs expériences et leurs traumas sont uniques. Il faut ainsi déterminer un traitement personnalisé en menant une évaluation poussée et adaptée. Tout au long de ce processus d'évaluation, il faut garder le maximum de confidentialité afin de minimiser toute stigmatisation future. Les membres du comité d'évaluation doivent également prendre en compte la capacité des communautés locales à accepter l'enfant lors de sa longue période de réintégration.

À leur retour en Union européenne, les enfants peuvent être accueillis temporairement dans des centres proches de leur ville de naissance et de leur famille, et doivent pouvoir passer du temps avec leur famille si celle-ci n'a pas été radicalisée. Les enfants ne doivent à aucun moment vivre avec des criminels adultes ou adolescents, et il faudra accorder une attention particulière à la constitution de ces groupes d'enfants pour éviter que les plus radicalisés n'influencent les moins radicalisés. Soin et éducation de ces enfants doivent être les priorités absolues pendant l'évaluation et ces centres d'accueil doivent disposer de larges possibilités de jeu, d'enseignement et de détente.

L'évaluation déterminera le degré d'engagement lors de l'intégration au groupe terroriste et lors de leur départ, ainsi que le degré de croyance dans l'idéologie radicale et le risque de basculement dans la violence. La plupart n'auront pas commis d'actes terroristes ou de crimes violents, ni même poussé d'autres à le faire. Cependant certains constituent des menaces imminentes et, selon les cas, le degré de radicalisation sera différent ; il faudra correctement les évaluer. Une évaluation de chaque cas permettra de choisir une voie de déradicalisation, de rééducation et de réintégration de l'enfant dans la société.

À la fin de la période d'évaluation, l'équipe pourra ainsi recommander la meilleure méthode de déradicalisation et la manière dont la justice devra considérer l'enfant, si besoin est, au regard de crimes commis. Le tribunal, indépendant de l'équipe d'évaluation, pourra suivre leurs recommandations afin d'œuvrer pour l'intérêt de l'enfant dans son processus de réintégration

et de travailler main dans la main avec les acteurs de la vie locale et communautaire ainsi que les ONG.

D'autres partenaires seront nécessaires pour évaluer les besoins de ces enfants et de leur communauté. Leur profil variera selon le pays, la ville et le quartier d'origine de l'enfant, ainsi que l'infrastructure préexistante. En Grande-Bretagne, par exemple, le programme Channel dispose d'infrastructures formant les travailleurs sociaux et aide à intégrer et à rééduquer ceux qui reviennent. Ces travailleurs sociaux peuvent intégrer l'équipe d'évaluation. Le Danemark a également bâti un modèle très efficace en partenariat avec les autorités locales afin de promouvoir le retour volontaire de combattants expatriés et leur réintégration en douceur dans la société civile. Dans ce programme, « Aarhus », ceux qui reviennent disposent d'offres d'emploi, ont accès à l'enseignement et peuvent porter, en volontaires, la bonne parole auprès des autres, une fois que l'équipe d'évaluation a déterminé qu'ils n'ont pas commis de crimes violents. Les acteurs de la société civile et les autorités peuvent partager l'information et les ressources nécessaires avec les services de sécurité – et vice versa – afin d'analyser et d'évaluer la progression du processus de réintégration de chacun.

## 2. RÉSEAU DE SOUTIEN

Sauver une génération perdue d'enfants vulnérables et s'assurer de la sécurité de cette génération ainsi que de leur communauté repose sur de grands efforts de réintégration. Mais la progression de l'enfant dans ce long processus doit absolument s'appuyer sur un réseau de soutien large et diversifié, afin de proposer une réponse coordonnée.

Un réseau de soutien, administré par une ONG locale et financé par les États, peut coordonner l'action de divers acteurs et spécialistes afin de s'assurer de la réintégration à long terme des enfants dans la société et au sein de leur famille. L'équipe d'évaluation, appuyée par des évaluations additionnelles au terme des condamnations dont écopent les enfants ayant commis des crimes violents, déterminera les soutiens nécessaires, au cas par cas. Ce réseau de soutien devra fournir en retour des rapports fréquents et un suivi rapproché de chaque enfant. Le réseau peut se reposer sur des structures locales préexistantes qui œuvrent avec d'anciens radicalisés adultes ou avec des enfants ayant fait partie de gangs violents. Il faudra que leurs méthodes s'adaptent aux besoins des enfants de l'État islamique. En Grande-Bretagne, les anciens membres de gangs disposent d'un réseau de soutien comprenant médecins, enseignants, services d'urgence, travailleurs sociaux, spécialistes de l'emploi – tous travaillant main dans la main à leur réintégration dans la société civile.

Les enfants auront la possibilité d'être hébergés dans des familles d'accueil, dans des foyers ou au sein de leur famille si celle-ci n'est pas radicalisée ou si elle a été déradicalisée. Si leur famille est radicalisée ou si le noyau familial est désintégré, les jeunes enfants doivent être placés dans des familles d'accueil qui peuvent leur apporter le soutien intellectuel, idéologique, social et affectif nécessaire à leur développement ; ce réseau de familles d'accueil doit être constitué en amont dans chaque pays, et les enfants doivent être placés chez eux durant le processus d'évaluation.

Lors de ce processus de réintégration, des activités de quatre natures doivent être menées :

– Déradicalisation
Les procédures de déradicalisation doivent faire sortir l'enfant du mode de vie qu'il a adopté, en prenant particulièrement en compte les traumatismes physiques et psychologiques causés par le conflit armé. Il faut ainsi lui réinculquer des valeurs communes laïques, recalibrer son enseignement théologique et idéologique, et lui apporter un soutien intellectuel, social et affectif. Cette déradicalisation repose sur des enseignements encourageant la non-violence et l'éducation. Une fois l'évaluation achevée, il faut stabiliser la situation de l'enfant, notamment par la présence de tuteurs et mentors qui ont des points communs avec lui, aussi bien dans sa vie précédente que future – comme un ancien extrémiste ou un spécialiste de l'islam. Il faut également mettre en place un suivi thérapeutique afin que

اسود

l'enfant ne constitue pas une menace, que ce soit pour lui-même ou pour la société.

– Rééducation

Les procédures de rééducation remettront en cause la crédibilité de l'idéologie de l'État islamique et proposeront des alternatives positives. L'enfant devra aborder l'islam autrement, avec de nouveaux concepts opposés à ceux qu'il connaît. Il recevra des cours et des avis provenant d'anciens extrémistes ou de musulmans non radicaux, afin de pouvoir réfuter et critiquer les idées et la propagande de l'État islamique. Il faudra casser la légitimité de l'idéologie du « califat », et invalider les notions extrêmes que les enfants ont dû intégrer lors des enseignements délivrés par l'État islamique. Il faudra par exemple leur faire lire les passages du Coran qui montrent que l'on peut être musulman et, par exemple, anglais. Leur faire lire les versets qui soulignent que l'on doit obéissance à Dieu, mais aussi à « l'autorité au-dessus de soi » peut aider à légitimer le pouvoir étatique en opposition à la loi islamique, ou expliquer que l'identité religieuse n'est pas équivalente à la citoyenneté.

Il faudra intégrer une notion de plaisir et de jeu dans l'enseignement, grâce à des livres, des contes, des fictions qui pourront habituer l'enfant aux valeurs communes de leur pays d'origine. La littérature arabe comme les *Mille et Une Nuits*, par exemple, pourra les aider à incorporer des concepts bien différents de ceux dispensés par le « califat ». Il faudra remplacer leurs anciens enseignements par de nouveaux. Enfin, les enfants devront être assistés pour trouver un travail, une école, un foyer, et recevoir un soutien affectif tout au long du processus.

– Réintégration
Le plus gros du travail de ce réseau de soutien résidera dans le suivi à long terme de la réintégration de l'enfant dans la communauté civile. Tandis que ce dernier se forgera une nouvelle identité et cherchera à ancrer son sentiment d'appartenance à la communauté, il faudra qu'il se sente accepté et puisse profiter d'opportunités l'encourageant à adopter un mode de vie non violent. L'éducation et l'emploi pourront l'aider à adopter ce nouveau mode de vie. Lorsque cela sera possible, il faudra savoir retourner à leur profit les enseignements techniques (par exemple mécaniques ou organisationnels) dispensés par l'État islamique et leur donner des emplois qui permettront d'utiliser ces capacités.

– Sensibilisation de la communauté
L'attitude de la communauté ne saurait être décidée par des lois. Et pourtant, sans la participation active et positive de la communauté, le processus de réintégration de combattants étrangers – souvent issus de minorités – peut être très difficile. Le principe de la Convention de Paris édictant que les enfants et les familles ne doivent pas être considérés comme des forces ayant collaboré dans le cadre de conflits armés

peut paraître bien idéaliste lorsque familles et enfants radicalisés ont prêté allégeance à des groupes extrémistes et à leur idéologie. Il faudra donc des infrastructures solides, s'appuyant sur le réseau de soutien préconisé ci-dessus, pour faciliter le retour à la société civile et la réintégration de ces éléments – à la fois au niveau international et local.

### 3. STRUCTURE DE L'UNION EUROPÉENNE

Suite aux attaques de janvier 2015 contre le journal *Charlie Hebdo*, et aux attentats parisiens du 13 novembre 2015, l'Union européenne a appelé à davantage de cohésion entre les États membres, ainsi qu'à la levée des barrières administratives entravant la communication entre les systèmes judiciaires, policiers ou de renseignement. Nous recommandons la création d'une « Commission de protection des générations futures contre la violence radicale » au niveau de l'Union européenne, qui serait abritée au sein du Centre de contre-terrorisme européen. Cette commission coordonnerait les pratiques de déradicalisation envers les enfants revenant de l'État islamique, et s'assurerait de leur réintégration dans les pays de l'Union européenne. Elle gérerait la base de données de ceux qui reviennent suivant un programme de déradicalisation et de réintégration, formerait les officiers des douanes et imposerait des restrictions fortes concernant ces retours afin d'éviter toute stigmatisation.

## 4. SUIVI PERSONNALISÉ

Nous recommandons un suivi personnalisé de chaque enfant associé à l'État islamique, qu'il y soit allé, en soit revenu ou ait juste été exposé à sa radicalité. Ce suivi doit se faire au niveau national et européen afin de réduire la re-radicalisation possible des individus entrant dans l'âge adulte et de s'assurer de leur suivi par des travailleurs sociaux. La participation des enfants à ce processus d'information se fera sur une base volontaire, et elle restera confidentielle, afin qu'ils puissent se réintégrer le plus facilement possible au sein de leur communauté.

Les méthodes de suivi durant la période d'évaluation de l'enfant se feront à partir de ses déclarations et de témoignages volontaires, afin de respecter les droits internationaux de l'enfant. Tout doit être mis en œuvre afin de le réintégrer à long terme et de manière solide.

Des versions condensées de ces informations seront intégrées à la base de données gérée par la « Commission de protection des générations futures contre la violence radicale » au niveau européen. Toutes ces informations ne seront disponibles qu'au sein des États membres, afin de protéger la vie privée de l'enfant. En grande majorité, ces informations ne doivent pas affecter la vie de ces individus, une fois leur déradicalisation initiée, ni constituer un obstacle à leur réintégration dans la société.

### 5. POURSUITES JUDICIAIRES

Conformément aux Principes de Paris, les règles suivantes seront respectées lors de l'instruction judiciaire d'enfants associés à des groupes armés :

– Aucune peine capitale ou perpétuité pour les enfants en dessous de dix-huit ans, aucune torture ou aucun traitement dégradant ne doit être infligé.
– Dans l'attente de leur jugement, les enfants doivent être traités dans des centres séparés des adultes ; ils doivent avoir accès aux soins et à l'éducation. Leurs procès doivent être une priorité, ainsi que ceux de leur mère, afin de limiter le temps de détention.
– Il faut avoir épuisé toutes les possibilités alternatives telles que la réhabilitation ou le suivi avant de placer les enfants dans de telles institutions, et privilégier, comme l'édicte le droit international, les solutions de réhabilitation sociale.
– Les enfants qui ont fui les groupes armés ne doivent jamais être considérés comme des déserteurs par les autorités locales.
– Aucun enfant ne pourra être puni pour avoir rejoint un groupe armé s'il n'a pas commis de crime de guerre.
– Dans la recherche de la vérité, les enfants doivent être traités, à égalité, comme des témoins ou victimes.

En ce qui concerne les enfants de l'État islamique, il faut délimiter les rôles des instances internationales et nationales. L'Unicef a ainsi déterminé les responsabilités de chacun concernant l'instruction de tels criminels. Il faut prendre en compte la territorialité (la juridiction correspondant au pays où le crime a été commis), la nationalité active (un État peut poursuivre l'un de ses citoyens, accusé d'avoir commis un crime à l'étranger), la nationalité passive (la nationalité de la victime du crime, ce qui permet à l'État de poursuivre des suspects dans des pays étrangers) et les instances judiciaires internationales (poursuivre des suspects accusés de crimes commis à l'étranger, sans prendre en compte la nationalité des victimes ou des suspects). Certains États comme la Grande-Bretagne ont déjà mis en place des instructions envers des adolescents coupables de crimes, qui permettent de les juger dans des délais rapides et de les faire réintégrer une vie normale au bout d'un délai raisonnable et en étant acceptés par leur communauté.

# CONCLUSION

Ce livre croise recherche historique et analyse de données de sources premières et secondaires. De nombreuses études concernant les enfants soldats ont été menées sur plusieurs années et dans divers pays. Il a fallu également regrouper, codifier et analyser la propagande afin de bien déterminer la situation actuelle des enfants enrôlés auprès de l'État islamique.

Il est évident que divers groupes armés ou extrémistes ont influencé l'utilisation des enfants par l'EI. On peut retrouver des éléments hérités de l'Allemagne nazie dans l'endoctrinement systématisé des enfants à l'école ou dans les camps d'entraînement par l'État islamique. Les kidnappings et l'enrôlement de force ont, quant à eux, des racines en Afrique ainsi qu'en Irak et en Syrie. Mais le prédécesseur le plus proche de l'État islamique n'est autre que le régime baasiste irakien, qui a recruté des enfants dans ses forces armées de façons semblables. Un héritage logique puisque de nombreux cadres du parti Baas font partie du « califat ».

Pour ce livre, nous avons créé une base de données sur six mois qui compile toute la propagande de l'État islamique représentant des enfants, du 1er août 2015 au 10 février 2016. Ces données ont été organisées en cinq catégories : participation à la violence, normalisation de la violence, logique d'État, utopie et critique des politiques internationales. Cette analyse permet de comprendre ce à quoi les enfants sont exposés au sein de l'État islamique. Dans certains cas, ils sont forcés de rejoindre le groupe par enlèvement ou menaces ; dans d'autres, ils sont enjoints par leur famille à le rejoindre. Ils sont alors lourdement endoctrinés, à l'école et à la maison. Les exposer à un si jeune âge à une telle violence, comme assister à des exécutions ou participer à des égorgements, constitue un crime à part entière. À leurs yeux, cette violence est justifiée par le détournement des textes religieux. Une rééducation religieuse est donc indispensable pour ces enfants, et si elle est menée à son terme, ils pourront remettre en question les autres valeurs et croyances qui leur ont été inculquées lors de leur séjour dans le « califat ».

Les atrocités auxquelles ces enfants ont été exposés durant leur vie sous l'État islamique auront bien sûr des conséquences sur leur bien-être mental et physique. En s'appuyant sur des politiques déjà employées par le passé, nous pouvons améliorer nos programmes et nos structures de réhabilitation. Le modèle actuel utilisé par les agences de protection de l'enfance – désarmement, démobilisation, réinsertion – ne prend pas assez en compte l'endoctrinement politique et religieux utilisé par l'État islamique pour asseoir son « utopie » et son modèle d'État. Ces programmes sont trop basés sur la santé physique de l'enfant et n'œuvrent qu'à court terme. Une stratégie de fond doit être adoptée, et elle doit prendre en compte le respect des vues politiques et religieuses du sujet, tant qu'elles ne sont pas violentes. Nous espérons que notre modèle de réintégration et son réseau de soutien aideront les enfants à trouver un sens à leur vie au sein de leur communauté et qu'ils pourront ainsi se forger une identité propre. Désormais, la communauté internationale dispose de nouveaux outils, à améliorer et à adapter à chacun, pour proposer des programmes de réhabilitation à destination de ces enfants.

SOMMAIRE

ISBN : 979-10-95086-35-2

© dernière marge, 2016
62, rue du Faubourg-Saint-Antoine
75012 Paris

Remerciements :
Société des amis d'inculte,
Jean-Claude Fasquelle

Couverture : Rémi Pépin

Distribution : UD
Diffusion : Actes Sud

Droits de traduction et de reproduction
réservés pour tous pays.

Le code de propriété intellectuelle interdit les copies ou reproductions destinées à une utilisation collective. Toute représentation ou reproduction intégrale ou partielle faite par quelque procédé que ce soit, sans le consentement de l'auteur ou de ses ayants cause, est illicite et constitue une contrefaçon sanctionnée par les articles L. 335-2 et suivants du Code de la propriété intellectuelle.

Dépôt légal : novembre 2016
IMPRIMÉ EN FRANCE

Achevé d'imprimer le 18 novembre 2016
sur les presses de l'imprimerie *La Source d'Or*
63039 Clermont-Ferrand
Imprimeur n° 19151

PEFC
PEFC/10-31-2008

*Dans le cadre de sa politique de développement durable,*
*La Source d'Or a été référencée IMPRIM'VERT® par son organisme consulaire de tutelle.*
*Cet ouvrage est imprimé - pour l'intérieur -*
*sur papier bouffant "Munken Print Cream" 80 g main de 1.8*
*provenant de la gestion durable des forêts, des papeteries Arctic Paper, dont les usines*
*ont obtenu les certifications environnementales ISO 14001 et E.M.A.S.*